知乎
有问题 就会有答案

知乎BOOK

覃宇辉 —— 著

恋爱
不累心

塑造更有安全感的亲密关系

民主与建设出版社
·北京·

©民主与建设出版社，2021

图书在版编目（CIP）数据

恋爱不累心：塑造更有安全感的亲密关系 / 覃宇辉著. — 北京：民主与建设出版社，2021.5
ISBN 978-7-5139-3468-8

Ⅰ.①恋… Ⅱ.①覃… Ⅲ.①恋爱心理学—通俗读物
Ⅳ.①C913.1-49

中国版本图书馆CIP数据核字（2021）第066087号

恋爱不累心：塑造更有安全感的亲密关系
LIAN'AI BU LEIXIN SUZAO GENG YOU ANQUANGAN DE QINMI GUANXI

著　　者	覃宇辉
责任编辑	程　旭
出品方	知乎 BOOK
监　　制	张　娴　魏　丹
策划编辑	雷清清
责任校对	王苏苏
营销编辑	沈晓雯
封面设计	Yang
内文插画	Robin_彬仔
出版发行	民主与建设出版社有限责任公司
电　　话	（010）59417747　59419778
社　　址	北京市海淀区西三环中路10号望海楼E座7层
邮　　编	100142
印　　刷	三河市兴博印务有限公司
版　　次	2021年6月第1版
印　　次	2021年6月第1次印刷
开　　本	787毫米×1092毫米　1/32
印　　张	7.75
字　　数	140千字
书　　号	ISBN 978-7-5139-3468-8
定　　价	58.00元

注：如有印、装质量问题，请与出版社联系。

目录
Contents

序 / 001

Chapter 1 为什么我们需要有安全感的亲密关系

你为什么这么不安？ / 002
依恋类型：你在他眼中原来是这样的 / 009

Chapter 2 拆解感情黑洞，获得有安全感的关系

缺爱的矛盾：无休止地索取，焦虑且自耗 / 016
关系黑洞：害怕进入这段"迟早会结束"的关系 / 023
讨好型人格："我是不是又说错话了？" / 030
攻击性讨好：爱为什么不能好好说出口？ / 036
假想敌：无形的"第三者"折射出自卑的自己 / 043

"相敬如宾"：客气是一种拒绝 / 052

低价值感：在恋爱中卑微到尘埃里 / 059

强烈控制欲：没有空间和个人隐私的压迫感 / 067

情感逃避：面对冲突，像鸵鸟一样把头埋起来 / 076

假性亲密："爱无能"的旋涡 / 084

Chapter 3

向外探索，别把自己锁在不安的小黑屋里

拆掉情感软肋：主动出击解决不安 / 094

刻意练习：不断跳出感情中的舒适区 / 101

跳出"牛皮糖"模式：主动避免过度需要 / 109

发现自我诉求：寻找存在感，并不只有这一种方式 / 116

Chapter 4

远距离恋爱：提升安全感和幸福感

异地创伤：如何缓解看不见恋人的痛苦？ / 124

孤独之苦：我需要你的时候，你不在怎么办？ / 138

Chapter 5 度过磨合期：让爱情的小船平稳前行

烦躁情绪：关系瓶颈，天天想吵架怎么办？ / 154

无言之尬：话题变少，越来越陌生如何调整？ / 168

不安爆发：没回我消息的时候，你在做什么？ / 182

预期焦虑：我怀疑，这段关系没有未来 / 197

激情退去：心动的感觉慢慢消失怎么办？ / 213

参考文献 / 231

序

安全感,是我们每个人对关系的渴望。

从婴儿呱呱坠地开始,他就在渴求母亲温暖的怀抱、丰盈的乳汁;当小朋友发展出走的能力,好奇地想要探索这个世界时,也总会回过头确认妈妈是否守候在那里;即便你不再是孩子,可能也同样会希望有一个遮风挡雨的港湾……

虽然安全感如此重要,但遗憾的是,并不是所有人都在关系中拥有它。

一项经典的心理学研究发现,只有56%的人觉得他们的关系是安全的。而在剩下的44%中,19%的人总是处于焦虑状态,患得患失;另外的25%很害怕矛盾,习惯用回避、"装鸵鸟"的方式跟另一半相处。

在亲密关系中,相信你也遭遇过一些不安的"暗流",有些甚至把爱情的小船打翻。

举两个你可能感同身受的例子：对象几个小时不回消息，即便有回应也是一两个字。你是否担心他变冷淡了，甚至爱上别人？或许当你进入一段关系，越来越多地依赖对象时，焦虑感一下子就爆炸了。你可能会担心：如果我爱上他，结果被背叛和伤害了怎么办？他得到了以后会不会有恃无恐，变得不懂得珍惜？

作为一名心理咨询师，跟来访者接触得越多，我越能理解这种缺乏安全感的群体。

他们明明想表达"我爱你，希望能跟你过一辈子"，但是被抛弃的恐惧，让他们错误地使用猜忌、控制、回避等伤害性的手段。让另一半觉得"你疑心病太重""你太作了"，甚至愤怒地觉得："你根本不信任我，那干脆分手吧。"

结果亲密关系变成一场接一场的争吵，自己和爱的人两败俱伤，感情也走到破碎的边缘。

接待过很多不安、痛苦、关系破裂的来访者后，我也忍不住想："如果他们掌握塑造安全型依恋的原理和方法，会不会少受些伤害？""要是遇到缺爱、疑心病、讨好型人格等不安的'黑洞'，他们知道如何破局，是不是两个人还能继续走下去？"

因为有太多人感叹"如果早些知道……就好了"，我也希望把这些经验记录下来。就像一束光那样，让你明白为什么内心如此不安。通过案例讲解的形式，告诉你如何应对担心未来、患得患失的情感黑洞。让你爱得不累心，慢慢建立起有安全感的亲密关系。

这本书一共有五章。在第一章里，我会告诉你不安全感是怎么来的，从原生家庭、自我接纳、思维模式等方面进行剖析。你也可以跟着我一起，测试自己的恋爱类型，判断你到底是安全型依恋、恐惧型依恋还是痴迷型依恋。给你的不安全感做一个"心理诊断"。

在第二章，我会结合情感咨询和身边的典型案例，告诉你怎么破解十个常见的情感黑洞，并且提供调整不安全感的具体方法。

比如当你陷入缺爱的矛盾，无休止地向对象索取时，如何修复内心情感的黑洞；当你是讨好型人格，经常因为担心恋人不高兴而退让时，如何在关系中更好地照顾自己；当你表现得很焦虑，总害怕感情走不到最后时，怎样疏导内心的负面情绪；等等。

而第三章，主要是介绍四个在感情中自我成长的方法论。包括刻意练习，不断跳出情感上的舒适区；分级暴露法，主动出击调整内心的不安全感；等等。如果你在相同的情感问题上一次又一次摔倒，很沮丧很没有信心调整好，那这些方法论会让你看到改变的希望。

第四章是讲远距离恋爱中的安全感。当你跟另一半异地恋，他变成"看不见的恋人"，你该如何缓解心酸，把关系维持下去？异地恋不可避免的孤独和痛苦，又该如何排解？相信通过两个非常详细的案例，你会轻松掌握方法，收获稳稳的幸福。

第五章会讲度过磨合期的种种摩擦，让爱情小船安全而平稳地行驶下去。包括经常吵架怎么办，爆发矛盾以后该如何和好；对未来没有信心，该怎样缓解焦虑感；心动的感觉渐渐消失，如何破解激情退去的危机……跟随具体、清晰的讲解，你能很快知道如何提升安全感。

可能你会问我：讲亲密关系、安全感的书那么多，为什么我要读这本？它有什么亮点？

第一个是这本书覆盖了普遍的痛点问题，可以作为建立安全感的"百科全书"。除了刚才提到的缺爱、讨好型人格、焦虑型依恋，我还会为你剖析自卑、回避型依恋、控制欲太强、疑心太重等现象下的不安全感，全方位地覆盖你感兴趣的领域。

第二个是通俗生动，很接地气地讲解原理和方法，并且有具体的案例帮助理解。虽然根源是科学的心理学方法，但我会用没有专业门槛、贴近大家的语言表达出来。确保即便你没有学过心理学，是个百分百的门外汉，也能轻松掌握这些方法。

当然，结合案例是最容易让人看明白的形式。为了直观地跟大家展示怎么做，我在征求来访者同意的前提下，把他们的案例放了进来。在第四、第五章中，在做了必要的调整和改编后，我把七个重点案例记录下来。你能看到心理咨询是如何开展的，这个过程中每一步要怎么做。相信通过这些案例，你能更好地掌握疗愈不安全感的方法。

第三个是有系统、可操作的方法，并且文章大部分的内容在讲怎么做，满满都是干货。本书的结构是简单介绍是什么和为什么，把主要的篇幅放在怎么做上。就以控制欲太强来举例。我会先大概说一说控制欲太强的表现和原因，然后结合案例来重点说明，如果你总想要掌控另一半应该如何自我调整。确保这些方法是你可以很快学会，然后在生活中运用的。

相信对工作繁忙，没太多精力啃大部头的你来说，能以最快的速度吸收营养，并且做出改变。

读完这本书，你将会有三大收获：

第一，对不安全感有一个系统认识，内心不再那么迷茫和痛苦。如果再次陷入强烈的焦虑感，对于两个人的未来悲观和无助，你能从原生家庭、自我价值感、思维模式和情感反应等层面思考，提高对自己心理过程的理解。

第二，遇到问题时知道自我调节的办法，让爱情的小船平稳前行。看完这本书后，你将建立一个丰富的思维工具库。

比如苏格拉底式提问、ABC 理论、寻找积极例外等心理咨询与治疗中的技术。发生冲突时可以用更科学的方法去应对。

第三，疗愈自我，提高亲密关系的质量。一方面，你能够治疗内心的不安全感，遇见更加强大的自己。另一方面，你会读懂对象情绪背后的潜台词，学习到更多积极的相处方式；保持不怕被分手的信心，掌握属于自己的稳稳的幸福。

如果你能忍受我的絮絮叨叨，一直看到这里，相信你对提升安全感有着强烈的渴望吧。那么接下来的正文，我也想通过文字的形式陪伴你，一起走过这段告别不安、建立幸福稳定的亲密关系的旅程。

希望这本书能给你带来启发和帮助。

2020 年 8 月

Chapter 1

为什么我们需要有安全感的亲密关系

尽管我们憧憬爱情,想要幸福甜蜜的生活,但是爱情如同一团谜,离得越近的两个人有时反而无法看清问题所在,这其中不免形成压力,有误解甚至是误伤。

你为什么这么不安？

尽管我们憧憬爱情，想要幸福甜蜜的生活，但是爱情如同一团谜，离得越近的两个人有时反而无法看清问题所在，这其中不免形成压力，有误解甚至是误伤。比如看到男友或者女友最近比较忙，打电话和视频的时间变少了，你可能内心开始有些怀疑：他是不是讨厌我，觉得我烦，不想再继续了？或者总担心关系被他的同事、朋友或者第三个人破坏，进而开始和他生气，甚至一个不高兴就吵架。如果发现对象在微信上聊天聊得起劲，或者走到一边打电话，你也可能脑补他是在跟别的异性暧昧，心里冒出强烈的被威胁感。还有一种是强烈的控制欲。希望男（女）朋友给你翻他的手机和聊天记录，甚至想让对方把所有的潜在威胁都删掉，让他变成只属于你一个人的。

这些事情不管仅仅是想法，还是真的发生了，都会让你心里烦躁、不安。那么你是否想过，自己为什么会如此不安呢？

经过2000多个小时的咨询，我与我的来访者们共同探讨发生在他们身上的事情、经验、体会。总结出来，如果你经常感到没有安全感，那么第一个原因可能就是**缺乏被温柔抱住的体验，内心总感觉没有人会接住你**。很多怀疑对象不爱自己，容易患得患失的来访者，他们共性的特点，就是小时候没有被爸爸妈妈好好照顾过。父母在外地工作，让小孩去跟爷爷奶奶，或者叔叔婶婶生活。虽然他们也都是有血缘关系的亲人，但不能跟父母在一起的孩子会觉得很孤独，甚至会有渴望父母陪伴却得不到的沮丧感。他们甚至产生一种感觉："父母把他们的工作放在第一位，根本不在意我的死活。我只能这样孤零零地一个人活着，有什么事都自己去扛。"不敢相信自己是重要的、值得被人牵挂和放在心上的。所以当另一半忙于工作，给你的陪伴变少的时候，小时候那种孤独难过的情绪就再次出现了。你害怕对象跟父母一样，把工作放在第一位，不会关心和重视你的感受。

那你可能会问，我从小就在父母身边长大，为什么我也那么焦虑？总是担心另一半变得冷淡，不想继续下去呢？因为即便在父母身边长大，你也可能遭遇比较严重的情感忽视，需要得不到他们及时的回应。一些来访者告诉我他们小时候的经历：妈妈下班特别晚，他在幼儿园等了好几个小时都看不到人，感觉像是被抛弃的孤儿。还有爸爸特别粗心大意，走路时只顾自己往前走，经常一抬头就看不到人了，甚至还有把她一个小姑娘忘在商场里的情况。这些依恋需要得不到满足，感觉恐惧却没有父母安抚的经历，同样会潜移默化地令你产生一种不安全感："别人是靠不住的。在我有需要的时候，他们不会及时出现。"因此，当恋人在忙工作没办法陪伴的时候，恰好勾动了你心中被忽视的恐惧感，让你又陷入那种提心吊胆，特别焦虑不被在乎的状态。归根结底，这种怀疑跟你没有得到无微不至的照顾，对亲密之人缺乏足够的信任有关。

∞

第二个原因，是**你没有好好地接纳和欣赏自己**。当你不认可自我价值，打心里觉得"我不够好，不值得被爱"时，那看到的往往也是不爱你的世界。这个过程在心理咨询中叫作"投射"。我的一些来访者就是这样，看到男朋友消息回复比较慢，就下意识地心想："他是不是正跟别的女生在一起，现在没工夫搭理我？"或者对象应酬到很晚才回家，也会背地里嘀咕："他是真的去谈生意，还是趁机在勾搭其他妹子？"内心充满了猜测和怀疑。

从表面上看，不安感是有现实理由的，因为她们的男朋友有一些值得怀疑的表现。但实质上，问题的根源来自她们的自我怀疑。正是因为她们觉得"我是不重要的，没有人会真正爱我",所以才会投射性地认为对方也是这样想的。他同样觉得你很糟糕,不是一个可爱的女朋友,所以要去找一个更好更值得交往的人。受这种思维的影响,你当然会像成语中那个怀疑邻居偷了斧头的家伙,怎么看怎么觉得对象肯定做了对不起你的事。

但真实的情况,可能是你带着这种先入为主的想法,不断去找蛛丝马迹来验证自己的假设,把现实变成看起来好像真的被劈腿的样子。这正是社会心理学中说的 confirmation bias——验证性偏见。你觉得自己是微不足道的,也认为别人会这样看待你,然后找很多细节去验证"他不爱我,可能要劈腿"的想法。结果呢,就是你内心的不安全感越来越强烈,每天都担心对方可能会出轨。

当然,有一些比较极端的情况,你可能会说:"我的猜测都是对的。不管哪段恋爱,男朋友都会背着我跟别的女生暧昧,然后被我翻手机的时候抓到。"所以对感情很悲观,不敢相信另一半会对自己保持忠诚。如果你或者身边的人发生了这种情况,也需要去思考,自己是否无意中总是在寻找"感情中的背叛者",被那些习惯出轨、玩弄感情的人吸引和诱惑,一次次重演被劈腿的结局;或者也有可能是你们每天都爆发很多次争吵和冷战,你在不知不觉中又作又闹,结果对方再也忍受不了,偷偷到其他人那里寻找温暖和支持。所以看上去是你找的每一个对象都劈腿了，但实际上，也有可能是你的一些言论和行为在不自觉的情况下把他们往出轨的路上引导。如果你特别能接收到坏男孩、坏女孩的信号，或者有引导恋人背叛的行为模式，那每段亲密关系你都会有不安的预感，猜测这一次现任也将背叛自己。

∞

第三个原因，是**你害怕不确定性，习惯把结果往最坏的方向想。**在聊到为什么要翻恋人的聊天记录，强迫他把所有异性的联系方式删掉时，一些来访者会告诉我："只有把他的手机查清楚，清理掉那些异性的联系方式，我才对他放心一点。"在强烈的控制欲背后，我看到的是这些来访者对不确定性的恐惧感。"如果没有查聊天记录，结果她在撩前男友或者别的汉子怎么办？""要是不把其他异性的联系方式删掉，她有没有可能看上谁然后偷偷把我'绿'了？"只有控制住对象，获得一个确定的答案，他们才会感觉自己是安全的，不再那么焦虑。

曾经有一个来访者跟我说："我也不想去控制女朋友，但我就是忍不住这样做。因为她要是在路上看了帅哥一下，或者跟某个异性朋友聊了几句，我就会觉得她是不是要背叛我，脑子里会想到特别多不好的场景。"他变成控制狂的原因，就是总是用最大的恶意来猜测女朋友的动机，把一次正常的交流往暧昧、出轨等最糟糕的方面联想。结果看到对象跟别的男生有互动就很不安,总担心那些可怕的场景会变成现实。"万一她背叛了我怎么办?""万一她偷偷去跟别的男生发生临时性关系呢?"从而陷入强烈的焦虑感中走不出来。如果总是从最坏的角度看问题,那小小的波澜也会被扭曲放大成惊涛骇浪,让你的内心片刻都不得安宁。

008　**恋爱不累心**

依恋类型：
你在他眼中原来是这样的

相信大家或多或少都听到过这样的词：安全型依恋、焦虑型依恋、回避型依恋。如果你总是很想要跟恋人在一起，跟对方分开一会儿就很烦躁，总担心自己被抛弃，那看到焦虑型依恋这个名词，你可能会觉得——这说的就是我啊！

如果你有的时候很不愿跟对方接触，遇到矛盾总想要躲进自己的小世界里，那看到回避型依恋的描述时，你也会觉得自己被深深地戳到了。所以今天这一小节我们就来看看，亲密关系中相处的风格有哪几种，以及如何判断你是哪个类型的恋人。

说到跟亲密的人相处的状态，我们就不得不提到最原始的形式——妈妈和小婴儿的关系。你小时候和妈妈是如何相处的，也会体现在成年之后对另一半的态度上。我们把这种跟父母或者恋人的情感纽带叫作依恋关系。心理学家安斯沃思做过这样一个研究来测验孩子的安全感。他们把很多对母子请到实验室里来,然后让妈妈离开房间,留下小孩一个人面对陌生的环境和大人,观察小孩会有什么反应。等过了几分钟,再让母亲回到孩子的身边,看看孩子对于重新出现的母亲是怎样的态度。

结果发现,有65%到75%的小孩,虽然会紧张和害怕,但他们还是相信妈妈会回来的。等妈妈重新出现并安抚他们之后,这些小孩又能像没事人一样,开开心心地爬去探索新玩具。这些把妈妈当成安全基地的小孩,心理学家认为他们是安全型依恋。

而剩下25%到35%的小孩,都是不安全型的依恋风格。他们不敢相信当自己有需要的时候,妈妈会及时出现并满足他们。有些小孩不哭不闹,妈妈离开或重新出现时都没有太大反应,沉浸在自己的小世界里,这类孩子属于回避型依恋。而另一拨孩子呢,当母亲离开身边时哭闹得很厉害,等母亲回来的时候又赌气地拒绝被安抚,处在焦虑型依恋的状态。

这也就是大家比较熟悉的三种依恋关系的原型。

∞

小孩的依恋关系是这样,成年人的依恋关系又会呈现什么状态呢?

心理学家布伦南发现,成年人的依恋模式有两个关键特征。一个是焦虑感。比如当恋人离开身边时，你是否相信他会回来，并且在你需要的时候给你支持。这种对另一半守着你照顾你的信心，也决定了你的依恋风格是不是焦虑型的。简单来说，如果你总感觉"他是不是要抛弃我""他对我变得冷淡了"，那就符合焦虑的倾向。

另一个特征是回避性。主要看你是否愿意打开心扉，尝试去依赖恋人并且建立深入的关系。如果你总是很排斥亲密接触，更加渴望自由、独立、没有太多情感羁绊的状态，那依恋风格就是回避型的。我接触到的典型的回避型依恋的来访者，心里会是这两种想法："要相信别人、依赖别人对我来说太困难了。如果我对他毫无保留，结果他伤害和背叛我了怎么办？"或者觉得："我一个人就能过得很好，没有对象也不是不行。"当这两条心理活动让你感觉膝盖上中了一箭，说明你的依恋风格带有回避型的特征。

∞

根据这两个主要特征，青少年乃至成年人的依恋风格最终被分为四大类型：安全型依恋、恐惧型依恋、痴迷型依恋和疏离型依恋。下面，你可以跟随我的一些描述，想想自己是哪一种类型的。

请在下列四段关于依恋类型的描述中，选择最符合你的描述。

A：对我来说，要跟他人在情感上亲近很容易。不管是依赖别人还是让别人依赖，我都感觉是舒适的。我不担心独处或者别人不接纳我。

B：对我来说，跟别人变得亲密是不舒适的。我想要情感上亲密的关系，但我发现自己很难完全地信任别人，或者依赖他们。我担心如果跟别人靠得太近，我将会受到伤害。

C：我想跟别人在情感上亲密无间，但我发现其他人不愿像我希望的那么亲密。我不习惯没有亲密的关系，但我有时候担心，其他人不会像我重视他们一样地重视我。

D：对我来说，没有情感上亲密的关系也是舒适的。我感觉独立、自给自足很重要。我更喜欢不去依赖别人，或者别人不来依赖我的状态。

以上就是四种依恋类型的简单的描述。那么相对应的，A是安全型依恋；B是恐惧型依恋；C是痴迷型依恋；D是疏离型依恋。

我们来具体分析一下。安全型依恋分类的依据是低焦虑感、低回避性。如果你是安全型依恋的人，你在独处时不会担心恋人抛弃自己，分离的时候也不会陷入强烈的焦虑中；同时在情感上愿意依赖对方，不会拒绝交流。

那么，恐惧型依恋判断的依据是高焦虑感、高回避性。如果你感觉自己就是这一类，那么一方面你很害怕敞开心扉去信任对方，自己会被伤害和背叛，不敢相信恋人是可靠的；另一方面，你也对亲密的接触抱有排斥的态度，很害羞很放不开，要跟恋人保持一定程度的心理距离。我在与这类来访者沟通的过程中，发现他们最突出的特点是习惯把事情往最坏的方面想，比如恋人会背叛，这段亲密关系会很快破裂。结果他们明明想要爱，却因为害怕受伤害而不敢真的去爱，最后自己的感情也就不了了之了。

而痴迷型依恋划分的标准是高焦虑感、低回避性。如果你感到自己接近这种风格，那么你会强烈地渴望亲密，跟对象亲亲抱抱举高高。但与此同时又处于比较强烈的不安全感中，比如总担心恋人是不是不喜欢自己，或者变得冷淡了。结果就是，这种太黏人的状态可能会让另一半感觉很累很有压力，缺乏私人空间。在我的咨询工作中，我发现痴迷型的依恋风格往往会给很多来访者造成困扰，比如太黏人了，另一半不堪重负，也许会爆发冲突。

最后一类疏离型依恋的特点是低焦虑感、高回避性。这个依恋风格的人，很少因为感情的事而情绪起波动。就算恋人好几天没给你打电话，或者一两周见一次面，你也不会感到特别不安。因为你更加看重独立、自主和情感上的自我满足。你觉得太依赖对方是有风险的，最好的状态是你不要依赖我，我也不依赖你，两个人没有太多情感上的联系和牵绊。还有一个特征，是在情感上表现得木木的。你不太会表达情感的甜言蜜语，或者交流太多内心的感受。当两个人发生矛盾和冲突的时候，会想要当只鸵鸟暂时躲起来，而不是面对和想办法处理恋人的不满。

∞

以上就是四种依恋类型的介绍，你是不是也对自己的依恋风格有了一个初步的了解？接下来，我会带你打开你和你的恋人心中的不安，剖析不安的原因以及共同来解决问题。

可能有的人会问：如果我的焦虑感或者回避性很强，我现在应该如何去调整呢？如何从不安全型依恋慢慢调整到安全型依恋？针对这两个问题，我会在下个章节的实操篇展开来谈。

Chapter 2

拆解感情黑洞，获得有安全感的关系

当幼儿的状态占据主导，我们在情感上真的就像婴儿那样无助，需要依赖对方的爱和滋养才能生存下去。卸掉心理防御后，我们内心的小孩太虚弱太没有力量感了。

缺爱的矛盾：
无休止地索取，焦虑且自耗

也许你也有过这样的经历：一旦不在恋人的身边，就总想着找他，还要和对方诉说甜言蜜语，从他的身上获得很多很多爱。但是不知不觉中，这样的索取，就像一个没有止境的黑洞，自己时时刻刻都想向对方撒娇、索爱。接下来，我会用案例说明缺爱的矛盾来自家庭、试探和"婴儿"状态，并且还会介绍一系列方法来缓解这种缺爱的矛盾，减少索取和自耗。

我的来访者小林的情况非常严重，她总是在深夜一次次问男友："你爱不爱我？""我们会一直走下去吗？"她的男友只能用甜蜜的情话来向她证明。但糟糕的是，即使男友很坚定地给了承诺，安抚的作用也只能持续几个小时。一天不到的时间，小林又会开始焦虑：他是不是在敷衍我，为什么还是不主动找我？小林的例子，就是很典型的缺爱矛盾。她的内心就像破了一个口子的水袋，灌进再多的爱也无法满足。她每天都活在"他到底爱不爱我""他会爱我多久"的焦虑和自我消耗中。

为什么有些人缺爱的矛盾如此严重，总是无休止地索取？

第一个原因，是从前的缺失感流露出来之后，希望恋人弥补和治愈他们在原生家庭、亲密关系中的遗憾和伤痛。小林从小就生活在一个很冷漠的成长环境，家人总是会拒绝她的需要。由于经济状况不是很好，父母特别舍不得给她花钱。

小时候的拒绝让小林产生了一种根深蒂固的想法："没有人会在乎我、关心我的需要。"这像一道无法愈合的伤口，让她非常需要被抚慰。所以当她走进一段亲密关系，跟男朋友的关系越来越贴近时，内心隐秘的愿望就一点点浮现：她开始希望自己的男友成为她理想中的父亲角色，疗愈在原生家庭中受伤的她。

第二个原因是想试探恋人，看对方是否值得信赖。有些人曾遇人不淑，经历了一次次的痛苦和失望，这种不信任感也会逐渐腐蚀掉他们对爱情的美好期待。即便再遇到合适的人，内心也会打一个大大的问号：他真的爱我吗？还是会一样无情，完全不照顾我的感受？因为太害怕重复这样的伤害，才会想办法去测试现任是否靠得住。只有对方受得了一直被索取和被依赖，仍然坚定地没有离开，他们才敢相信"他是真的喜欢我"，放下深深的戒备感去接纳对方。

小林的思维模式就是这样运作的。她之所以反复去要承诺，问男朋友"你到底爱不爱我"，其实也是在试探恋人付出的底线。如果对方一直很有耐性，小林才能慢慢改变"他会伤害我"的消极预期，重新建立对恋人的信任感。

第三个原因是感情中，有些人会逐渐退回到"婴儿"状态，太过依赖另一半。她是这样描述她的状态的："谈恋爱之前，我是一个特别独立的人。自己换纱窗和通管道都觉得没什么，朋友们笑我是顶天立地的女汉子。但是跟他在一起之后，这种力量感都消失掉了。我变得特别依赖他，好像没有他我什么都做不了。"这说明在恋人面前她已经卸掉防御，重新变成一个"孩子"。

如果意识到这个层面，就不会奇怪为什么自己会感受到"缺爱"了。因为卸掉心理防御后，我们内心的小孩太虚弱太没有力量感了。他感觉自己什么都做不到，所以把满足情感的需求寄托在了恋人身上，希望对方能够是庇护自己的防风港，并且提供无微不至的照顾。当幼儿的状态占据主导，我们在情感上真的就像婴儿那样无助，需要依赖对方的爱和滋养才能生存下去。

∞

该如何缓解这种缺爱的矛盾，减少自己对恋人的索取，也减少自耗呢？

第一，需要看到并且修复内心那个缺爱的黑洞，而不是总想着用索取来填补这个缺口。的确，让另一半提供很多很多的爱，能够获得一种被理想父母照顾着的感觉。但我们忽视了两个问题：一个问题是把对亲情和爱情的需要都加在恋人身上，很容易让对方感觉压力山大，产生不公平和被过度压榨的感觉，亲密关系中容易爆发激烈的矛盾。第二个问题是如果把对父母的期待转移到对象身上，我们也会跨过亲密关系的边界，把谈恋爱变成对理想父母的寻找，这样很容易就因为愿望落空而产生挫败感，甚至迁怒到无辜的人身上。

给大家提供一个实用的小方法：那就是形成爱的"良性循环"。不要光去向别人索取，抱怨别人给的不够多。在他们给予爱之后，感谢他们的付出，并且能够回馈别人。比如恋人听你倾诉了两小时，不要觉得这是理所当然的，自己心情好了以后就挂电话。你可以说："亲爱的，谢谢你今天听我说这么多。如果没有你，我今晚真的要崩溃了。"听到你这么说，他是不是就会觉得心里乐开了花，觉得自己的价值得到充分的肯定，很享受对你的照顾？还有就是等自己状态变好后，给他一定的回馈表示感谢。比如做一顿丰盛的晚餐来犒劳他，或者给他在Steam（游戏平台）上买一个新游戏，这些都会让对方觉得很暖，更有动力对我们付出爱和重视。

第二，要学会向内寻求，思考副作用更小的、填补内心空洞的办法。在意识到无法用索取来解决问题时，我们就需要看问题到底出现在哪里,可以用什么办法来打补丁。比如说小林,她对父母的心结主要在情感忽视上,觉得自己无足轻重,提出的需求永远无法得到满足。所以她内心的独白是:"我害怕自己的需要得不到恋人的回应,必须用很多很多爱来对抗这种恐惧感。"这个时候,问问自己:"除了依赖他,还有哪些方式可以让我不再焦虑?"

我给小林的建议是,想出五段对方非常爱自己的回忆。她告诉我:"我记得有一次说想他了,希望他陪在身边。当时就是说说而已,没想到他偷偷买了票,坐了一晚上火车来见我。在楼下看到他的瞬间,我都快泪崩了。"当你能够回忆起这些温暖的时刻,那种被爱的感觉就会冲淡悲观预期。

第三,从客观的视角审视这段关系。当我们把索取当成一种试探时,可以先问自己一个问题:"这种不信任感,究竟是来自现实的威胁,还是我自己构建出来的呢?"或许你会发现,现任其实没有表现出伤害你的迹象。他几乎每天都说晚安,大多数时候也耐心地安抚你焦虑的情绪。

而我们害怕被伤害,更多的原因是,亲密关系把过去的恐惧感激活了,我们才会想用近乎完美的感情来让自己安心。当你潜意识里把要求的门槛设置在 100 分,即便对方已经做到 90 分或 95 分,你也还是不会满意。

如果你无法判断自己到底处于什么心理状态,不妨做一个简单的安全感测试：

"在这段亲密关系中，恋人伤害我的可能性有多大？在这段亲密关系中，他背叛我的可能性是多少？20%？40%？60%？"

如果这两个问题的答案都在40%以下，说明你的不安全感可能并非来源于现实，而是我们的消极预期。理解了问题出在自己身上，就不会总假定对方是具有伤害性的。

第四，从"婴儿思维"切换回"成年人思维"，找回自我满足的力量。当我们陷入婴儿般的状态时，会觉得必须依赖对方才能生存下去，对爱的需要非常巨大。想改变这种观念，首先要觉察自己内心世界是什么样，比如问自己："现在感到很不安的我，究竟是一个成熟独立的大人，还是离开他就没法照顾自己的孩子？"如果发现很难回答上来，不妨做一个现实感测试：

"如果现在失去他，我感到绝望无助，什么都做不好的概率有多大？20%？40%？60%？"要是百分比在60%及以上，说明"婴儿思维"占据主导，我们依附恋人的心理超过了正常需要的范围。

当发现我们自己退回到婴儿期，对另一半过度依赖的时候，可以用各种方法往成年人的心态上靠。经过我这些年的观察和总结，这样的方法是比较靠谱的。你可以经常提醒自己:"我已经是能照顾好自己的大人了,他不在身边也一样过得很好。"明确此时此刻现实的状态,摆脱婴儿般总担心被抛弃的心理;此外,你还可以列出一个"我能行"的清单,比如:"我能找好闺密、好哥们儿聊天倾诉,满足对情感支持的需要。""我能自己定路线,安排住宿,没有他打点也玩得很好。""工作出现问题时,我能向一些厉害的行业前辈请教,不是非靠他分析和帮助才行。"当你发现不用求助恋人,自己也可以做到很多事情,内心的脆弱和无助就会一点点消失,没那么容易患得患失。

关系黑洞：
害怕进入这段"迟早会结束"的关系

随着两个人变得越来越亲密，你是不是会产生一种感觉：这段关系能持续多久呢？如果有一天，他不想跟我在一起了怎么办？这种情况就是关系黑洞的问题。在本节我会从"怕恋爱"的心理成因说起，教你一套合适的增强内心防御力，容纳不确定性的方法。

我的一位来访者，高级客户经理小美就有这样的心理。当她走进一段亲密关系时，总感觉恋人是靠不住的，会出于各种各样的原因而离开，所以自己无法完全相信对方。这种状态下的人，就像掉入一个关系的黑洞里：虽然憧憬爱情的甜蜜，但内心深处更害怕被伤害。

∞

这种害怕进入一段关系的心理是怎样出现的呢？

第一个原因，是我们内在的防御力太薄弱了，无法抵御来自外界的伤害。就像软肋，只有薄薄的一层铠甲包裹着，如果真的遭受到了恋人的背叛，自己肯定会被打击得遍体鳞伤。小美就对男朋友有这种顾虑。她告诉我："我的承受能力非常差，跟朋友闹点矛盾都要难受好几天。如果我完全相信恋人，把他当成依靠，那如果有一天他不爱我了说要走掉，我绝对会感觉整个世界都崩溃了，人生一点希望都没有了。"

也正是因为我们自身太弱小，没有承受伤害的力量，所以才会对恋人格外敏感，所有的注意力都会放到他身上。如果打电话，对方隔了很久才回复，或者态度有点不耐烦，这些风吹草动都会触发我们心里的红色警报："他可能讨厌我了""他根本不在乎我的感受"。这让缺乏承受能力的我们感觉到威胁，担心害怕得想逃离这段感情。

第二个原因，是内心存在着这段关系绝对不要破裂的执念。当我们感觉很不安，觉得亲密关系走不到最后时，或许内心就已经有一种隐隐的执念。那就是"我要百分百掌控这段感情，让它永远永远不要结束"。小美就经常冒出这样的念头："如果他喜欢上别人怎么办？""要是以后感情发展不顺利呢？"小美沉浸在自己的执念里，每天都有很深很深的焦虑感。

小美陷入了绝对化的执念，希望现实百分百按照自己的想法发展，排除生活中的不确定性。所以一旦感觉恋人的表现跟自己的预期有落差，哪怕是只有5%、10%被伤害和背叛的可能性，也会特别担心这段亲密关系失控，她在确保绝对的安全之前，是不敢去信任恋人的。

第三个原因，是扩大化的思维。这就好比是我们的大脑里安装了一个放大器，即便很小的涟漪也能被扩大成惊涛骇浪。小美曾经很多次问过我："覃老师，我男朋友最近经常用表情包回我消息，你说他是不是觉得我很烦，不想跟我说话了？""最近我说话的时候，男朋友不会一直看着我，眼神偶尔会挪开一下，你说他是不是不爱我了呢？"

总是拿着放大镜去看问题，就会把情况想象得糟糕至极。可能对方只是有些小疏忽，一时没有照顾到你的感受，如果你不能保持客观的态度，总是喜欢往最坏、最糟糕的方向去想，那就更容易沉浸在负面情绪里而无法自拔了。

∞

那么面对这样的情况，应该如何去调整自己呢？

第一个做法，是把注意力放在加强内心的防御上，改变对恋人的行为过度敏感、草木皆兵的状态。原来觉得："我太脆弱了，不能承受伤害，所以要预防他做出伤害我的事情。"但现在我们要改变这个思维倾向，告诉自己："我不可能完全回避外界的伤害。与其总是怀疑，还不如让自己变得更强大。这样即便遇到糟糕的情况，我也有足够的能力去面对。"你会发现，当自己把重心放在增强防御，有更多承受伤害的能力上，不过度追求恋人带来安全感，内心的担忧就缓解很多。

如何让内心变得强大？那就是不断去获得成功经验，增加"我可以应对伤害"的信心。我为你提供一个好办法。在跟恋人闹矛盾，自己感觉非常痛苦时，你在自己的心里想象出一个收纳痛苦的盒子，把所有的无助、恐慌、难受都装进去，然后想象这一切都被暂时封印住了。通过这个方法来想象，虽然还是有很多负面情绪，但你可以克制住总去担心"他不爱我了""他要离开我"的倾向，每天继续正常地生活。通过我教给你的方法，去接纳争吵带来的痛苦，加厚自己内心防御的铠甲，你就不会感觉自己那么脆弱了。

除了这个收纳痛苦的方式，我还可以教你一招，用叙述来缓解痛苦。比如跟愿意理解我们的，有很好的情感连接的朋友聊自己的不安感，听听来自对方的安慰和分析。可以想象一下，当对方说："我特别理解你现在无助的感觉。但没关系的。不管最后是什么结果，我们都一起去面对，一起去想办法，事情总会得到解决的。而且也不一定发展到最坏的情况，对吧？"相信你会觉得不是一个人去面对所有困难，内心多了很多依靠感，更有信心处理亲密关系中的矛盾。

第二个做法，是接受"世事无绝对"的想法，不要总是强求一帆风顺的感情。我们要提醒自己："总是想'能不能走到最后？'或者'他抛弃我了怎么办？'这样的事情是没有意义的。因为现实不受我们控制，未来会怎么样都无法保证。"如果总希望关系是百分百安全的，反而会非常缺乏安全感。因为你设置的标准实在太高了，恋人一犯点小错，关系一有点紧张的信号，就会产生强烈的失控感。就像对恋人的要求是考100分，即便他能够做到90分或者95分，你还是会盯着他没做好的地方不放。

所以我们需要放弃"这段感情百分百安全，他会一直喜欢我"的绝对化思维，明白亲密关系是无法完全避免风险的。要做好事情不在掌控之中，甚至出现关系破裂、两人分手的情况的准备，让自己不再害怕。

让自己容纳不确定性的具体方法，我总结起来有A和B两条：A是抓大趋势，只考虑一般情况下会怎么样。比如说："我不确定这段关系是百分百安全的。但正常情况下，他的人品不错，对我的感情也很深，不会轻易做出背叛的行为。"或者说："我不确定两个人一定能白头偕老。但正常情况下，家庭、工作方面都没有太大阻力，还是比较安全的。"把握住大概率的情况，忽略剩下的小小的不确定性，安全感水平就会提升很多。

B是改变100分的苛刻要求，对恋人的标准设置在80分就好。即便晚了一两个小时回电话，我们也能理解对方工作繁忙，不强求他立刻回复你。当你越能接受现实，心里的焦虑感就会越少。

回到第三个做法，是放弃用放大镜去看问题的习惯，学会就事论事。别自己吓唬自己。当你看到恋人移开视线，别急着下结论："他对我说的话不感兴趣，越来越讨厌我了。"而是先进行两个操作。第一个操作是分清楚哪些是事实，哪些是我们脑补的部分。恋人说话时目光挪开是事实，而"他对我不感兴趣，已经不再喜欢我了"是我们的推测。进行了这样的区分之后，我们再进行第二个操作：这个猜测有没有夸大或扭曲的成分？还是基本上符合事实？我们可以把自己代入旁观者的视角，想象："如果闺密跟我抱怨，说她讲话时男朋友没有一直看着她，所以他不爱她了。那这样的想法是合理的吗？"跳出来，像分析别人的情况一样去看待自己，或许就能做到更客观，不会过度地夸大矛盾了。

可能你会说："哎呀，我知道情况没有那么糟糕，但我总忍不住考虑最坏的结果怎么办？"方法很简单，那就是放弃推测性的部分，单纯地就事论事。告诉自己："我现在知道的情况是，他的目光会偶尔游离在其他地方，但仅此而已。这并不能推断出，他已经不爱我或者对我彻底失去兴趣了。"把你的推测先放在一边，假定他还是值得信任的。根据现实情况来做推测，就不会总是白白担心了。

Chapter 2 拆解感情黑洞,获得有安全感的关系　　029

讨好型人格：
"我是不是又说错话了？"

说起讨好型人格，你可能会想象到这样的情景：跟别人吵架或者冷战时，总是先道歉；虽然觉得恋人的行为很过分，很令人不满，但总是不断地忍耐；在感情中活得很没有自我，所有注意力都放在对方身上。这样的情况，会让人陷入无助与恐慌。我会在本节分析讨好型人格的成因，并且教大家三个做法，来改善这种讨好型的没有安全感的心理状态。

∞

首先，为什么在亲密关系中会出现这样的讨好型人格呢？

第一个原因，是你太习惯将别人的需要放在第一位，甚至把满足对方当成自己的义务，如果没做到就会产生强烈的愧疚感。相信这样的模式在很多家庭中都很常见。父母会把自己的期待强加在孩子身上，要求孩子努力学习来填补他们内心深处的遗憾和自卑感。有的时候父母有气没地方撒，借机发作在孩子身上，把孩子当成负面情绪的垃圾桶，随意宣泄自己生活中的挫败感，对孩子说："我怎么教出你这样的废材，连那么简单的题目都做不出来，你赶紧滚，以后不要再回来了。"这种情况下，孩子幼小的心里也会种下"不让爸妈满意，就会被赶出去"的想法。

可以想象，如果长期跟自私的父母相处，那孩子自身的需要不仅得不到满足，还要打起精神去满足父母的要求。这种情感压抑会让他觉得，我的感受是微不足道的。只有听爸爸妈妈的话，不惹他们生气，我才能够好好地活下去。所以，恶劣的成长环境会让他们形成讨好的生存哲学——努力去察言观色，不惹身边亲近的人生气。

第二个原因，是觉得爱是有条件的。自己必须要不断地讨好才能让对方重视。如果不去讨好，反而跟对方吵架，表露很多负面情绪，那是绝对会引发争吵甚至关系破裂的。或许你小时候听到过这样的威胁："只有考 100 分，你才算给爸爸长脸。"父母的态度会让你觉得：我这个人本身是不值得被爱的，只有乖乖听他们的话，拿到理想的成绩，才有被他们关心和爱护的资格。

如果长期生活在这样的环境里，你的大脑就会种下一个信念："只有怎么怎么样，我才能够怎么怎么样。"根深蒂固地以为，要得到爱就必须先满足别人的期待。没有人会喜欢那个任性不配合，沉浸在自身情绪中的你。所以你会压抑所有的委屈和难过，努力去满足另一半的期待，用这样的方式来获得对方的喜欢。

第三个原因，是内心的价值感很低。觉得自身条件配不上恋人，所以用讨好对方的方式来弥补差距。我的一个朋友小葵就是这样。她从小就是个特别不自信的人，她认为自己各方面很普通，没有什么"值得被爱"的地方。而她的男友是一个自带光环，人气挺高的大男孩。男生对小葵表示了好感，小葵立刻有一种受宠若惊的心情。正是因为将自己的位置放得很低很低，小葵才会无止境地容忍另一半，用讨好的方式让感情天平更对等。她每次谈恋爱都会无底线地纵容对方，承受很多旁人看起来很委屈的事情。比如为了不妨碍男朋友在路上刷视频、打"农药"，她逛街的时候会一个人提东西，再沉再累也不会叫对象帮忙；难过的时候很想跟男朋友倾诉，但男友一变得不耐烦，说"你不要发泄太多负能量"，她也就擦干眼泪赶紧说些开心的事。甚至出现男朋友遇到其他聊得来的女生，晚上一直聊啊聊，小葵也没有底气指责对方，反而觉得是因为自己太无聊，而无法满足对方沟通的需要。因此，内心的价值感很低也会造成这种讨好对方的情况出现。

∞

知道原因后，**该如何改善这种讨好型人格带来的不安感呢？**

第一个方法是，偶尔给自己放个假，允许自己自私一天或者几天，把个人的需要摆在第一位，或者至少站在跟别人平等的位置上。怎么说呢？如果你一直以来习惯性地把父母的需要和别人的需要放在首位，把它看成义务或者工作，坚持了那么久，是不是偶尔也可以休一次假？平时上班五天还有两天的法定休息日，有的时候不去照顾别人，而是照顾自己也是理所应当的吧？我的建议就是，**把讨好别人和自我照顾看成工作日和休息日。** 让自己可以切换状态，光明正大地把个人的需要摆在第一位。如果你刚接触到这个概念，我建议你可以打开日历，每周挑一天时间，把它设置为"我最重要"，然后列下自我照顾的两三个要点。比如说"对我不愿意答应的要求说不""拒绝当出气筒""如果恋人惹我不高兴，直接把心情告诉他"。意识到可以把自我满足放在第一位，并且习惯了过"我最重要"的休假日，那讨好型人格就会有很大的改善。

当然，讨好型的你可能很想要试试，但接下来可能又被恐惧感拽回去："如果我把自己看得更重要，朋友会不会都讨厌我？""要是我拒绝他们，然后关系破裂了怎么办？"如果你有这种心态，我建议你尝试这两个经过检验有效的方法：A是接受这个状态。当你不再做讨好型的包子，有些人就会不习惯你的改变，跟你抱怨"你怎么变成那么自私的人"，想把你重新变成他们需要的满足者。你要接受有这样的人存在，把他们的抱怨看成改变需要面对的挑战。B是寻找平等、开放、愿意配合你的朋友。你要相信,除了那些需要你讨好的人,身边也会有另一批愿意尊重和理解你的朋友。你要做的就是坚守自我照顾的原则,远离那些不在乎你感受的人,多跟有同样价值观的人相处。然后你会发现,自己不仅没有众叛亲离,反而还收获了能带给你真正情感支持的朋友和恋人。

第二个做法,是不断累积"因为我是我"而被爱的体验,打破"要获得爱就必须讨好对方"的想法。在咨询中,我经常让来访者去思考"例外情况"。比如:"在你的描述中,要得到父母或者恋人的爱,你必须变成他们期待的样子。那么有没有一些时刻,你没有顺应谁,而是在做自己的时候,也被他们接受了呢?"他们通常能找到一些积极的"例外(exception)"。比如我的一个来访者说,自己有一段时间心情特别低落,每天都是通过追星来振作精神。虽然男朋友平时看不惯自己这种疯狂追星的行为,但仍然在她跟朋友看完演唱会以后,打车过来接她回学校。这个来访者告诉我:"想起这件事,我感觉踏实了一点。就算我没有处处讨好他,按照他的想法来做,他也还是爱我的。"只要更多地去体验这种不需要满足对方期待,也能被爱的"例外",那讨好型的倾向就会被逐渐消解。

当然,你可能会说:"如果我没有找到这种积极的例外怎么办?"办法非常简单,那就是去创造这样的体验。你一定要打开自己的头脑,意识到这并非一个非此即彼的选择题——要不就是满足对方的期待,然后获得爱;要不就是让恋人失望,关系破裂。我们是可以找到其他很多路径来和恋人沟通的。比如看看两个人有没有共同兴趣,多安排双方都能享受的活动,创造属于你们自己的美好回忆。他不喜欢看流行歌星,我不喜欢玩打打杀杀的游戏,那我们可以找一个大家都喜欢看的搞笑综艺,边看边讨论有趣的梗,这也是不委屈自己也能接受的方法。我还可以给你提供一个办法,那就是提供一个让对方帮助你的理由。比如你可以问:"亲爱的,我知道你逻辑思维比较强,擅长分析问题。那你能不能给我点建议,指导我怎么做手头这件事?"这样,让对方参与到自己正在做的事情中来,让他能表现自己的长处。这就好像在"玩"一个养成游戏,帮助人解决各种问题以及帮助恋人成长,对方会生出一种成就感,这样无须讨好,你们也能维持良好的关系,因为从你这里,他能够获得满足感。

第三个做法,是唤醒你被压抑的价值感,让自己感觉我是值得被爱的。就像我在跟朋友小葵交流的时候,会提醒她:"换位思考一下,如果你是对方的话,会不会觉得这个女生还不错才产生好感?如果你真像自己说的那么差,他为什么会看上你呢?"让小葵跳出内心对自我价值的贬低,代入另一半的视角,用对方的选择来说服自己"我没那么糟糕,也有很多闪光点"。

攻击性讨好：
爱为什么不能好好说出口？

你在父母或者其他人的亲密关系中，是否发现了这样的一种状态呢：对所有人都很和气，只跟恋人发泄心里的负能量，用区别对待来告诉对方他对你有多特别；觉得越亲密越可以无所顾忌，经常调侃和打击恋人，通过相爱相杀的方式证明你们关系紧密；不断在对象面前找优越感，处处都要压他一头，让恋人看到并认可你的价值。这些表现虽然有可能看着是"打情骂俏"，但其实是一种攻击性的讨好。接下来，我就带你了解攻击性讨好的成因以及可能造成的关系上的危害，并且告诉你可以通过哪些方式来解决这样的问题。

我的来访者甜甜，是一个平常待人接物情商很高的人。但她在跟男朋友相处时，却变得特别爱打压对方，以此来凸显自身价值。有一次做销售的男友吹嘘自己很机智，靠话术搞定几个大单子。结果甜甜立刻拆穿他："哎，那些客户是我介绍来的好吗，不然光靠你那些话术就能成？"虽然意在证明自己的付出和关系的亲密，但场面一下子变得非常尴尬。她的这些行为是想告诉另一半，自己有多么爱他、依恋他，渴望能得到他的关注，带有一丝取悦的味道，但表现出来却带有攻击性，很容易引起矛盾和误解。

为什么爱不能好好说出口，非要通过攻击的方式来表达？

第一个原因，是继承父母的关系模式，延续用吵架跟另一半沟通的传统。甜甜找我咨询时，当我问到攻击性讨好的原因，她告诉我："不知道，我就是习惯了。"但深挖下去才发现，她之所以经常挖苦男朋友，是因为成长过程中见惯了妈妈这样对待爸爸。明明是希望爸爸保重身体，应酬的时候少喝点酒，但妈妈脱口而出的却是："你喝吧，到时候醉死在外面看谁可怜你。"把关心和忧虑藏在硬邦邦的狠话里。

可以想象，长期生活在父母相爱相杀的氛围里，甜甜也逐渐学到这种关系模式，甚至觉得：爱本来就不用好好说出来，只要发火或者大吵一架，恋人就能体会我们对他的爱有多浓烈。经过父母十多年甚至二十多年的熏陶，攻击性讨好已经扎根在你的大脑中，变成一种自动化的反应。不管你跟谁谈恋爱，只要开始亲密关系，就会下意识地往相爱相杀的轨道上引。不断重复自己无比熟悉，而且内心深处认同的原生家庭模式。

第二个原因，是情感上遭受过严重忽视，很害怕喜欢的人看不到自己，所以通过攻击的方法来获得关注。在咨询时，甜甜曾经告诉我，其实她也不想打击男朋友，让他在哥们儿面前下不来台，但她总有一种强烈的恐慌感。如果不通过打压对方的方式来证明自己，她就是渺小、卑微、缺乏存在感的。没有人会在乎她的感受。

这是因为甜甜太少被好好关心过，情感需要长期得不到满足。她的内心就像经历过严重饥荒，一直活在被忽视和没有回应的恐惧里。为了缓解这种不安感，甜甜用挖苦和挑衅的方式攻击男朋友，让对象越来越生气，然后跟她大吵一架。虽然对亲密关系的伤害性很大，但甜甜得到了自己最渴望的东西，那就是非常强烈的被对方看到并且回应的感觉。这样一下就缓解了自己情感上的"饥饿感"。所以，即便明知道自己的做法具有攻击性，甚至非常消极，甜甜还是采取这种方法来吸引男朋友的注意。

第三个原因，是内心非常自我怀疑，通过找优越感的方式证明自己值得被爱。在感情中处处都要压过恋人一头，表现得非常强势，其实内心并没有看起来那么强大。正因为内心有太多自我否定的声音，不敢相信自身价值，我们才需要从外界寻找"我很好"的证据。只有在关系中占据绝对优势，你才感觉像上了一道保险，确认自己会得到对象的欣赏。所以，攻击性讨好也是内心无法认可自己，以通过打压对方、抬高自己的方式来抵御不配被爱的自卑感。

∞

该如何走出这种攻击性讨好的状态呢？

第一个做法，跳出来审视原有的关系模式，学习更健康的跟恋人相处的状态。你可以问自己："把时间拉长到五年之后。如果现在的攻击性讨好让你后悔莫及，那你后悔的原因会是什么？想象一下那些可能的情境。"我问甜甜这个问题时，她想了一会儿，眼眶有些湿润。她告诉我："可能是我明明很爱他，很希望他能快乐，但结果却把他折磨得快崩溃了吧。"在其他个案里，我也听到这样的回答："我后悔没有珍惜对方。""我后悔失去一辈子的爱。""他结婚了，但站在他身边的新娘不是我。想到这个场景真的特别心痛。"充满了对恋人的愧疚、错过至爱的痛苦、不能白头偕老的遗憾，等等。当你跳出当局者视角，站在未来某个节点上来审视这种攻击性讨好，会发现它在一点点摧毁你们的亲密关系，而你还沉浸在当下毫无察觉。在这里我有个建议，就是多做把未来摆在眼前的练习，看清相爱相杀发展下去的种种后果，那内心深处改变它的动力就更强烈。

意识到了不能再继续攻击性讨好，要接着做下一步：学习更健康的亲密关系模式。你可以把原生家庭的状态翻转过来，变成应该怎样去做的准则。比如妈妈总是讽刺爸爸，结果激怒爸爸引发吵架。那把这个情境转换过来就是："**用正面的方式告诉对方我关心你，学会去分享自己真实的感受。**"如果情况是爸爸希望得到家人的肯定，却总是用吹牛和打压你们的方式，那这种状态翻转过来，就是："要想获得恋人的欣赏，我最好采取温和不会冒犯对象的方式，这样更容易被接受。"把原生家庭中攻击性讨好的症状总结出一、二、三、四条来，然后逆推出你觉得舒服、更合适的相处状态，经常提醒自己去练习。这样的话，你也在一点点趋近更健康的亲密关系。当然，也可以选择身边几对感情状态好，你也比较认可的情侣，观察模仿他们的相处之道，这样也会给你跟恋人的沟通提供一些参考。

第二个做法，用正面的方式寻求恋人的关注，改变只有攻击才会被看到的期待。你可以跟另一半设置积极的相处规则，比如说："亲爱的，以后能不能这样——我会正常地告诉你，我有些难过和不自信，很需要你提供安慰。听到我这样说，希望你就能过来关心关心我，让我感觉自己是被重视的，你看好不好？"可以想象一下，当你把难过情绪告诉对方，他立刻打电话过来问你情况怎么样，鼓励你振作起来；或者你觉得很孤独没有人陪伴，对象就安排好手头的工作赶回家，跟你一起疏导负面情绪。那么你会渐渐感觉："他是真正关心我，把我放在心上的。我不会在情感上被当成透明人。"**积累无须打压对方来凸显自己，用正面沟通就能得到爱和珍惜的经历。**这样的话，攻击性讨好的执念也会一点点消退。

到这里也许你会想，我的对象并不理解正面沟通的重要性，他觉得这样太难了。而且消耗大量精力，他确实有时候会忽视你。那你可以告诉他："亲爱的，如果平时我乖乖的你不理会，只有攻击和嘲讽才能引起你注意，那你不就是在诱导我攻击你吗？"让恋人意识到，在你正常表达情绪时立刻回应，能减少你用争吵引起注意的行为，相信他会更有动力这样做。

第三个做法，是质疑内心自我否定的声音，用"情境限定法"来驱散自卑感的阴影。当内心冒出"是不是我不够好，所以不值得被爱"的想法时，不要急着立刻接受它，然后用攻击性的方式来证明自己。你可以假设自己是大侦探福尔摩斯，合理地质疑那些哪怕已经根深蒂固，大脑中会自动冒出来的念头。比如可以挑战它说："我真的很差劲吗？即便我表现得不完美，难道就没有资格得到爱？如果这些点都不成立，为什么我会有这样的念头呢？"现实中，我让甜甜去思考这几个问题。结果她告诉我，其实她知道自己客观上来说并不算差，在同龄人中也属于中等偏上的水平，但问题在于，她的父母总是用严厉的标准去要求她，她从小再努力念书也得不到几句肯定。所以她才会潜移默化地觉得"这样的我还很弱,不配得到父母的欣赏和表扬",所以她习惯事事都占据绝对的上风,来对抗"我不够好"的声音。

∞

把这些根源都分析出来后,我们就可以用情境限定法来削弱自我怀疑。比如说:"所谓的我不够好,其实是在父母眼中不够好。但如果换成要求没那么高的恋人,我已经算足够好的另一半了,不用再通过打压对方来证明自己。"或者告诉自己:"所谓只有完美才值得被爱,这种价值观是父母提倡的,不代表其他人也这样想。我的对象更强调相互尊重相互扶持,不是只有占尽上风才会被肯定。"

你可以把人际关系看成很多块不同的拼图。在原生家庭的这块拼图里,你会被挑剔,不得不用攻击性讨好来得到爱。但切换到亲密关系的拼图时,你不用再延续这种伤害性的模式,可以跟对象平等、尊重、相互欣赏地在一起。只要学会去限定情境,把自我怀疑的声音封印在原生家庭这块拼图里,不让它蔓延和污染你其他的人际关系,那攻击性讨好的状态就会有很大好转。

假想敌：
无形的"第三者"折射出自卑的自己

总有一些人有这样的恐慌：当恋人几个小时没接你电话，说他在忙其他事时，你突然担心他会不会在做背叛你的事情，比如跟其他人在一起。

从我的来访者小宁开始说起。每当男朋友出门时，小宁就要求他把定位跟自己共享，拍下朋友聚会的照片。如果男朋友说自己不方便，小宁就担心他很可能在跟哪个女生亲热，内心特别不安和焦虑。她经常情绪失控地问对象说："你是不是去外面找其他人了？"一直跟他又作又闹。

而且她的男朋友是做金融行业的，平时的人际交往很广。看到男朋友经常接触到漂亮而且很优秀的女同事，小宁心里特别患得患失。她很担心男朋友背着她搞暧昧，有第三者插足破坏这段亲密关系。所以小宁三天两头检查男朋友手机，看到他跟女同事有工作对接都会大发脾气，害怕他们已经鬼混到一起。

∞

如果你也时常有这样的感觉，你应该会想知道，为什么总怀疑关系中有第三者，担心自己被恋人狠狠地背叛？

第一个原因，是背叛摧毁了你对关系的信任感。因为前任曾经劈腿过，所以你害怕会冒出其他人，让自己重复被对象抛弃的命运。很多时候偏执地认为有第三者，无论恋人怎么解释都听不进去，其实跟背叛带来的心理创伤有关。如果过去全身心地相信前任，他却为了一时的新鲜感，和更加合拍的女生出轨，那你很容易留下一道过不去的坎，心里执着地认定："不管现在看上去多好，只要有机会，他就会背叛我。"所以宁可错杀，也不放过任何出轨的蛛丝马迹。

就拿小宁来说。她跟前任在一起之前，对男朋友都特别放心，从来不觉得会出现第三者。她对前任掏心掏肺地好，而前任转头为了另一个女生跟她提分手。小宁开始觉得，感情是靠不住的。如果有更适合、更让恋人心动的女生出现，自己随时会被抛弃和替换掉。正因为这种认识，小宁脑补出很多潜在情敌，无时无刻不处于被取代的恐惧感中。

第二个原因，是看待问题的心态很消极，喜欢用最大的恶意去揣测恋人。很多时候，你体验到的威胁并不来自现实，而是由头脑中消极的信念制造出来的，说直白点就是自己吓自己。比如对象这两天到外地出差学习，回复消息很简短。乐观一些的人觉得："他最近太忙，等过段时间闲下来就好了。"不会感到过分焦虑。但悲观的人就立刻认为："他一定在跟其他人发生临时性关系，不然怎么会对我如此冷淡？"下意识往劈腿的方向脑补原因。当内心安装上消极的滤镜，你很容易感到现实中的关系危机四伏。

第三个原因，是内心的自我厌弃感外化。明明是你觉得自己不够好，配不上理想的亲密关系，却把这种感觉转移到对象身上。认为是他看不上你，总想找机会跟别人在一起。当小宁数落完男朋友疑似出轨的十大罪证，要我给她分析分析时，我反问了她一个问题："小宁，你内心深处认可自己吗？还是不相信你值得被好好对待呢？"

小宁突然间哭了。她告诉我，其实她知道男朋友没有出轨，没有做出对不起她的事。但小宁就是打心里觉得自己很差劲，没有人真正喜欢她。当男朋友发现她糟糕的一面后，也会抛弃她去跟更优秀的女生交往。她担心的所谓第三者，其实就是自我怀疑、自我攻击的人格化象征。当她越觉得自己不够好，没有资格得到爱，就越担心有第三者攻击她，破坏她重视的亲密关系。小宁通过甩锅的方法，逃避去面对内心"我不认同自己"的真正的冲突。

∞

那么，该如何缓解疑心病，不总去担心有第三者破坏感情呢？

一种做法，是承认确实存在被背叛的可能性，放下他要绝对忠诚于你的执念。当接受最坏的情况有可能发生，不强求百分百的安全感，你才能坦然地面对第三者问题。小宁刚找我做咨询时，会特别焦虑地一直问："覃老师，我男朋友会不会真的劈腿，跟其他女生在一起了？"她不愿面对恋人出轨的情况，为这种不可控性感到很煎熬。

我引导她去思考："假设在某个平行空间里，你发现自己无法控制男朋友绝对忠诚，但仍然很淡定，不会每天担心出现第三者。想象一下，是什么因素让你保持好心态？"小宁想了想回答说："因为比较看得开吧。而且自身能力很强大，即便被背叛也有办法应对。"是的，解决疑心病的第一个答案就在这里。你要看到头顶的确悬着利剑，它还有一定概率掉下来把你扎得遍体鳞伤。承认并接纳被伤害的可能性，放下对安全感过度的追求，你反而不会每天都盯着恋人是否背叛了自己。

另一种做法，是寻找恋人负责任的证据，打消他会抛弃你的顾虑。你可以问自己："虽然现任有可能看到更让人心动的人出现，背叛我跟对方在一起，但这种事的发生是有前提的，那就是现任跟之前我遇到的渣男一样，没有责任心、不守承诺。他是这样的人吗？"你可以拿出一张纸，分为两列：左边这列是证明他不负责任的证据，右边这列是证明他很有担当的证据。你能给右边这列添加越多内容，内心的安全感就越充足，越能相信另一半是忠诚、不会轻易背叛你的。就像大家知道的太极图，其中有阴和阳两个部分，二者处于此消彼长的状态。你要做的，就是不断用积极的证据去扩充阳的部分，让相信他有担当的观念越来越强。这样也能逐渐缩小怀疑他出轨、有第三者插足的念头，自己不用每天都在患得患失。

我请小宁也这样做。她告诉我能找到现任很多负责任的事例。比如男朋友没有见异思迁、谈恋爱时劈腿的黑历史；虽然平时遇到很多漂亮的同事跟客户，但懂得保持适当的距离，遇到撩拨他的女生也会想办法拒绝；做事情有坚持到底的习惯，不管是做一个项目，或照顾一只受伤的流浪猫，都会把事情推进到结束才会放手。梳理出现任会保持忠诚的一连串证据，小宁告诉我："好像说着说着焦虑感就好多了，没那么担心他会在外面找其他人了。"

∞

第三个做法，是保持谨慎的乐观，在客观基础上往积极的方向去构建现实。我告诉小宁这样一个观念："对象会劈腿其他人，通常是因为他在关系中有强烈的缺失感。某些对亲密关系的需要得不到满足，才会到其他人那里填补。如果你跟恋人目前很和谐，他对爱、激情、新鲜感、精神共鸣的需要被照顾得很好，那又怎么会冒大风险出轨，破坏这份难得的幸福呢？"所以我让小宁对亲密关系保持乐观的态度："正常情况下，只要恋人的情感需要被充分满足，有矛盾出现及时解决，那就不用整天都担心被出轨。"给予对象基本的信任，比如他偶尔忙起来回消息比较慢，或者忘记说晚安，不要急着立刻往变心或出轨的方向去想。当然，必要的谨慎也是应该的。如果真的抓到比较明显的信号，比如恋人偷偷上社交软件聊天，或者谎报位置和在一起的人，找经不起推敲的借口来搪塞你，这时再去合理地质疑也不迟。

在具体操作层面，你可以每隔半个月或者一个月给恋人发"满意度调查表"。让他给你们的关系的几个方面，比如情感关心、沟通频率、理解和支持等项目打分，并以此来监控你们关系的和谐程度。当然，为了避免恋人的"求生欲"都打一百分的情况，你一定要给他营造安全的环境。当他按真实的想法打分时，不要立刻炸毛和质问对方："我对你那么好，你怎么敢给我打那么低的分数？！"压制他表达不满和意见的渠道。

一方面，要保持克制的态度，不管对象怎样评分都尊重他表达的权利，保持"有则改之，无则加勉"的态度；另一方面，表达方式可以从聚焦问题转移到关心他和为他好。比如问对象："亲爱的，我很希望能好好爱你和照顾你，但是也担心自己哪里没有注意到，让你受委屈了。你看我调整一下哪些地方，会让你感觉更好一些呢？"相信用这样的方式向恋人提问，会比"你看我哪里有问题就直说"的方式更委婉，更能引导恋人表达他真实的感受。等了解到对方不满意的地方，及时进行调整，也就把危机扼杀在萌芽阶段，不用总担心发展到出轨那么严重的情况。

第四个做法，是增强你在关系中的自我认同感。只有确信自己值得被爱，值得一段稳定的亲密关系，你才不会总怀疑第三者破坏感情。在小宁找我咨询的过程中，我发现有两个实际操作特别管用。首先是每天找三个自己做得好，值得被肯定的地方。比如在工作上，提出了个好点子，把项目进度往前推动了一大截；在亲密关系上，能够克制住怀疑恋人劈腿的习惯反应，没有冲对方大吼大叫，逼他把手机拿出来检查。有意识地注意并积累做得好的方面，久而久之，你的自我认同感就会提升到比较高的水平，觉得自己值得被好好珍惜。还有个方法是每隔几周跟对象开表扬大会。把他这段时间做得好，让你觉得很贴心、很感动的地方告诉他。然后让恋人告诉你几个进步和闪光点。小宁感慨地说："我刚开始觉得会很尴尬，两个人互相拍马屁。后来男朋友告诉我，他知道我忍耐得很辛苦，明明很想追问他跟谁在聚会,但都克制住不去怀疑和提问。很感谢我愿意相信他。"跟对象开表扬大会,从他眼中看到好的、值得被爱的自己,那你也能增强自我认同感,不那么担心被关系外的其他人取代了。

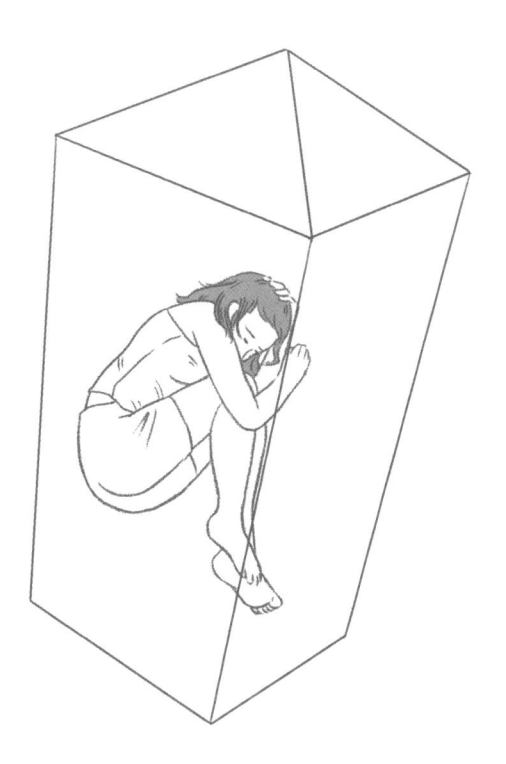

Chapter 2　拆解感情黑洞，获得有安全感的关系

"相敬如宾"：
客气是一种拒绝

我发现在爱情中有一个怪现象：本应该是非常亲密的两个人，但其中一个人却对另一个人太客气，好像把他当成来家里做客的朋友那样。你或者你的男（女）朋友平常也是这样的状态吗？太过于客气是否给你们带来了一些困扰？我们重点来分析这种非常客气的心理，并且根据不同的原因给出具体的解决或者应对方法。

我的朋友小梦就有这个问题。她在跟男朋友相处时，特别强调不要欠着对方什么东西或人情。如果收到一束花或者一盒化妆品，她都会特别不好意思，转头就回送对方一个 Steam 游戏。即便是下班比较晚，让男朋友开车送她回家，小梦也觉得耗费了对象很多精力，会跟他说好几声谢谢你。这种看似有礼貌，实际上有点不够亲密的状态，让她的男朋友感觉很别扭。男朋友半开玩笑地跟小梦说："我们都是男女朋友了，你还对我那么客气干吗呢？直接收下这些小礼物不行吗？"但不管怎么说，小梦都无法真正放松下来，没有负担地依赖另一半。

为什么有些人会在感情中相敬如宾，对恋人非常客气呢？

第一个原因，是用客气来推开对方，把关系维持在没那么热烈的程度上。很多人从小家庭关系就比较冷淡，他们跟父母的交流都是浮于表面的，没那么多深层次的情感联结。这让他们习惯了温开水一样的情感温度。在这种情况下，可以想象，当别人说你对我别那么客气，可以放心地依赖我，那就是在炉底加一大把柴火，将水烧到沸腾的状态。情感如果在突然之间变得太过热烈，我们可能就会被烫得受不了。所以下意识地想用客气浇灭这团火，让水温恢复到可以适应的程度。

小梦的情况就是如此。她对男朋友说很多声谢谢，立刻回赠他小礼物，是因为不习惯别人对自己太好。这样超出了她觉得安全的心理距离，她会感到很焦虑。只有用客气把对方挡回去，退回到比较疏远的状态，她才会觉得舒服一些。所以跟恋人相敬如宾，其实是在给热烈的爱降温，把强度控制在红色警戒线以内，不让水温升到难以忍受的 100 摄氏度。

第二个原因，是觉得如果敞开心扉去依赖对方，自己会被嫌弃甚至冷漠地拒绝。小梦一直存在这样的顾虑。她告诉我："以前我把很多想法告诉前男友，跟他耍小脾气，他很不喜欢这样，叫我别找那么多事。"因为暴露真实的自我被恋人伤害过，小梦觉得放心去依赖是不安全的，现任可能不喜欢这样的自己。因为太担心表达爱的需要会被讨厌，她才会刻意跟恋人保持一定的距离，确保不会被拒绝。

可以看到，在这种疏离的状态背后，是内心扎根很深的悲观预期和不信任。如果你的潜意识里已经把信任对方和糟糕的结果捆绑在一起，那么每当想跟恋人倾诉的时候，你都下意识地认为他不会在乎，忽略了被对方好好看到和关怀的可能性。把自己牢牢困在消极的想法里，你就不敢去相信任何人，戒备心非常重。表现在亲密关系里，就是用客气把对象推出你的世界。

第三个原因，是害怕自己在感情中陷得太深，所以用客气来抵消失控感。在问到为什么不跟恋人敞开心扉时，很多来访者担心地说："如果我越来越依赖他，完全离不开他了怎么办？"总怕如果跟另一半靠得太近，自己会丢掉应有的分寸感，忍不住把情感需要都托付给对方，退化成一个只知道依靠他，没有爱就活不下去的小孩。为了避免这种被动和失去控制的感觉，你故意跟对象划分得很清楚，以此来抵消想依赖他的强烈渴望。

比如，小梦对男朋友客气，其实也是通过抵消的方式自我保护。每当恋人送她一些小礼物，在生活各方面给她照顾，都会激活小梦"如果我陷进去怎么办"的焦虑感,很担心自己太过依赖对方。所以男朋友越是对她好,小梦越要保持相敬如宾的状态,用情感疏离来缓解内心失控的恐惧。

该如何走出这种客气的状态,更加敢于依赖另一半呢?

第一个做法,是告诉恋人你适应的情感浓度,让对方给你慢慢升温的时间。我为你支一招儿。那就是把这种不适应幽默地表达出来,让对方给你控制火候和主动的权利,这样循序渐进地往前走。比如平时约会男朋友抢着付钱,送给你各种花和小礼物时,你可以开玩笑地跟他说:"你对我太好啦,好到我都被你的热情震惊到了。如果你少为我做一些,给我多点时间去适应你的好,这样我才敢慢慢放飞自我,你说是不是?"委婉地提醒恋人如果他付出很多,你会非常不适应,甚至产生被开水烫到的感觉。这样的话,对方就意识到不能操之过急,要把情感温度控制在可接受的范围内。恋人没有严重突破你的心理边界,焦虑感就不会那么强烈,刺激你用客气的方式把他推开。

具体来说,你可以跟恋人商量,让你做亲密关系的掌舵者,按照你适应的节奏慢慢达到融合状态。比如恋人希望你能够依赖他,平时别那么客气。就算不能立刻达到这个要求,你也可以根据自身现在的状态,定个"跳一跳,够得着"的小目标，稍微跨出舒适区，试着接纳更多对方的好意。平时恋人开车送你回家，不要表现得诚惶诚恐，一直在跟对方说谢谢，不妨冲恋人笑一笑，叮嘱对方说："路上注意安全。回去早点休息啊。"这样既肯定了对方的心意，又不会让他感觉疏远和客套。

可以尝试欠着对方一点点。他送的小礼物先收下，他给了关心不用马上说谢谢。等之后遇到合适的节日，或者对方很难过需要安慰的时候，再好好表达自己的心意也不迟。想象这是一个"动态平衡"的过程——当下不用计较谁付出的多，谁付出的少，只要从长远来看保持一致就行。让自己比较自在放松地依赖另一半。

第二个做法，是采取重新评估认知的方法，一点点增强内心对恋人的信赖度。比如，我在咨询期间，就让小梦在纸上画出一把量尺。左边是零，右边是百分之百，让她评估被现任嫌弃、被拒绝的概率是多少。小梦犹豫了一下说："大概是百分之七十吧。"然后我让她引入前男友这个参照物："如果是前男友的话，你觉得被嫌弃的可能性有多大呢？"小梦把前男友放在量尺上百分之九十九的位置。然后我再问她："现在回过头来看，你觉得现任跟前任的差距有多大？他们是不是都很冷漠，大概率不会考虑你的感受？"小梦突然笑着说："听你这么一分析，我现在觉得没那么害怕被嫌弃了。前任真的很自私，我跟他提点要求都会烦。但现在的男朋友不是这样的人，我还蛮确定的。"再让小梦去评估现任有多大可能嫌她烦时，概率从百分之七十下降到百分之四十。她也更有勇气放心地去依赖现任。当你建立起一个标准的分数量尺，把过去伤害你的人放进来作为参照物，就能更好地了解到对方的可信赖度，更加敢于卸下伪装的防御。

要改变根深蒂固的消极预期，你也可以尝试一些行为实验的方法。比如小梦，她之前会觉得："遇到多难过的事我都要忍着。如果说出来，他就会嫌弃我传播负能量，不理我。"于是跟恋人保持相敬如宾的状态，不敢轻易表露内心的感受。所以我会告诉她："你觉得恋人不能接纳你的负面情绪。但毕竟我们没有读心术，也不清楚他究竟会怎么想。既然如此，我们就让实践出真知，去试一试他对你的接纳程度。"我给了小梦几个操作上的建议：晚上打电话的时候，跟男朋友吐槽一下工作、社交上的烦心事，观察他会有什么反应，或者在恋人面前放下强撑的笑容，表现自己有些沮丧的状态，看看他是过来安慰你还是一脸厌恶。按照这样的做法去做之后，如果恋人始终表现出温暖的态度，那我们内心的怀疑和戒备是不是也会消解一些？

第三个做法，是给自己的行为设置边界，在合理范围内享受恋人的关心和照顾。比如小梦总是很担心："如果我变得很依赖恋人，没有他就无法支撑怎么办？"我告诉她："任何事情都是过犹不及的。只要划定一条合适的界线,你就可以跟他既亲密又不丧失独立的能力。"在确定行为边界的时候,我这样去引导小梦:"想象一下,你现在跟男朋友处于理想的亲密关系中。你可以放心地依赖他,但作为个体也活得很精彩。那么,你内心的界线落在怎样的位置?"

小梦给了我几条原则。第一,每天最多视频一到两次。有时间就多聊聊天,没工夫就去忙自己的事,比如看专业书充电,或者跟闺密逛街娱乐。不强求两个人24小时黏在一起。第二,可以依赖恋人,但把比例控制在20%到30%,保持成年人基本的独立性。比如下水管道堵了,有大件的家具要扛,可以拜托恋人过来处理,但像换灯泡和拧螺丝这些小事,能够自己解决就独立去完成。最后一条是坦然接受对象的礼物,不用刻意急着还礼。把他的需要放在心上,有合适的机会再表达心意也不迟。总体上保持平衡的状态就好。

∞

总而言之,如果你或者恋人总喜欢与对方保持客气的态度,你可以这样来改善:制定一个行为框架,标注出哪里是红线,哪里是可以活动的范围,这样你内心失控的焦虑就会减少很多。当你感觉自己是有掌控力的,就会没那么担心陷入这段关系中,无法自拔。所以划定合理的行为边界,你就不用通过客气来抵消失控感,更加敢于去依赖另一半。

低价值感：
在恋爱中卑微到尘埃里

在亲密关系中，尤其是和恋人发生争执、吵架的时候，你可能会感受到"低价值感"的折磨。比如觉得自己配不上恋人，没资格拥有美满的爱情，每天都担心会失去对方；或者很少敢跟恋人提要求，内心认为他没有那么在乎你，就算把需要说出来也得不到满足；还有无止境地包容另一半，即便对象有些事情做得很过分，你也会尽量容忍不想跟他起冲突。为了避免低价值感对自己的困扰，我会与你分享我的来访者的一段经历，并向你展示如何分析原因和化解这样的"心结"。

我的来访者小琪就是典型的低价值感者。因为感觉自己不够好，她总是担心男朋友会抛弃她，对象消息回复慢一些就开始焦虑。她经常忧心忡忡地问我："覃老师，您帮我分析一下，他是不是没那么喜欢我了？"习惯将结果想得很糟糕，还有特别害怕打扰恋人，害怕惹对方不耐烦，害怕对方发脾气。所以即便被老板批评难过得快崩溃了,她也不会主动找男朋友倾诉。如果这样的经历对你来说似曾相识,那么请你和我一起走进这段心理的历程。

∞

为什么你在爱情里很自卑,总感觉自己是微不足道的呢?

第一个原因是你很少得到父母重视。所以潜移默化地认为自己是糟糕的,不值得被好好对待。孩子有多自信,某种层面上取决于父母对他的在乎程度。如果从小就有爸妈无微不至的呵护,需要被及时满足,那小孩子就能够慢慢积累价值感。他内心深处会觉得:"爸爸妈妈那么爱我,说明我是好的、重要的。"跟人相处时很有底气。回到例子中,从小小琪的父母就在外面忙生意,基本没时间管她。有时小琪闹着让爸妈陪她玩,也会被狠狠地教训一顿。当依恋需要总缺乏回应,小琪就慢慢形成这样的观念:"我很糟糕,不值得被重视。"从而变得越来越自卑和不敢提要求。

如果继续深挖下去,你会发现自卑感也是一种自我保护。因为当时还是孩子的我们无助了,既得不到父母悉心的呵护,也无法解决缺爱的问题。为了减少内心痛苦,只能把自己想得很糟糕,不值得被好好对待。通过降低自我价值感,我们才逐渐可以接受缺爱的现实,避免因为父母的情感缺席而崩溃。而在小琪的亲密关系中,她也下意识地延续着这种模式。如果认定自己是一无是处的，配不上恋人的关心照顾，她也就不会要求太多，然后因为愿望落空而伤心难过。

第二个原因，是在关系中抱有双重标准。一方面，给对方加上玫瑰色的滤镜，认为他每个方面都很优秀；另一方面，用最严厉的眼光审视自己，看到的全是问题和不足的地方。当价值天平太过倾向于恋人，我们自然会感觉很卑微，甚至好像不配拥有这段感情。

小琪的状态就是如此。在讨论男朋友的时候，她会跟我列举对方的种种优点，比如很聪明，家庭条件好，懂得照顾人，可以算是理想的结婚对象。但提及自己时，她就切换到挑剔模式，开始用放大镜来找缺点，比如认为自己长得不够漂亮，工作也很普通，跟恋人在一起属于高攀了。结果每天都患得患失，被自卑感严重困扰。如果你跟小琪一样抱有双重标准，在美化对象的同时挑剔自己，那相处时也很难避免低价值感。

第三个原因，是恋人为了满足自尊的需要，把所有自卑和无助感都投射给你，让你变成那个低价值感的替罪羊。有时候你觉得自己一无是处，可能并不是因为真的有多差，而是在不知不觉中受到对象的打压，为了满足他的优越感才变得很卑微。像我之前接触到的一些来访者，她们在恋爱前还能够正确地评价自己，但跟男朋友在一起之后，总是被挑剔说"你情商低""怎么笨手笨脚的"，好像做什么都是错的，越来越怀疑个人的能力。因此，如果你总感觉别人是对的，问题的责任全在自己身上，那你就要警惕自卑性投射，可能是对象通过打压你来提高他的价值感。

∞

在爱情中很自卑的你，可以采取哪些方法来提升自我价值感呢？

第一个做法，是采用苏格拉底式的提问技术，慢慢调整"不值得被爱"的消极想法。当小琪告诉我她觉得自己很糟糕，没有人会在乎她时，我这样引导她去思考："小琪，我知道这个观念困扰你很久了，你也感觉自己是没有价值的。那我们能不能这样，就是把'我很差劲'看成一个结论，然后你告诉我为什么相信它，支持这个结论的证据有哪些，好吗？"然后小琪说到原生家庭忽视她的情感需要，男朋友也不愿听她倾诉，所以她感觉自己是很卑微的。

就像辩论赛一样，听完她说的"正方观点"，我也会让她去思考"反方观点"——有哪些证据不支持正方观点，能够用来反驳这个结论？然后小琪告诉我，其实她也能想到很多被关心的事例。比如她想报名参加一个很贵的金融培训班，爸爸二话不说就把钱转给她了；她的航班延误到凌晨才降落，男朋友也在机场耐心地等了她几个小时。**发掘越多"值得被爱"的证据，你在关系中的自卑感就越能得到缓解。**

当然，如果你的低价值感已经根深蒂固了，那也可以通过提问的方式去改写它。比如我会让小琪去想："除了你不值得被在乎，还有没有别的原因或者解释？"用这样的思维去看待父母从前的忽视，小琪的卑微感也降低了很多。她告诉我："虽然小时候父母很少陪伴我，但这不代表我很糟糕，不值得被好好对待。可能是他们每天摆摊做生意，真的忙到没有多余的时间和精力。还有受教育程度比较低，觉得管我吃饱穿暖，供我上学就已经够了，不知道他们的关心对我来说有多重要。"为了提高说服力，我还让她举例子证明。小琪告诉我一个父母的改变：他们现在知道小琪很需要情感支持，所以每周也会主动视频通话，关心女儿学习和生活的情况，并且跟她说很多为人处世的道理，这一点还是让她感觉很温暖的。通过寻找并证明其他解释，我们就能够从更多角度看待关系中的问题，不会总是觉得很卑微，没有人在意自己的感受。

第二个做法，是不再拿放大镜挑毛病，尝试用玫瑰色的眼镜来看自己。当小琪告诉我她觉得男朋友多好多好，她根本配不上对方时，我这样引导她去思考："你知道，每个人都是发光体。虽然你对象的光芒可能更耀眼，但是在欣赏他优点的同时，你有没有也看到自己身上的光芒？还是说切换到了挑剔模式，总觉得你这里不好那里有问题呢？"在这里，我与大家分享三个简单实用的操作方法。

首先是**想象代入法**。假设在另一个平行时空里，对象各方面的条件跟你类似，你是否会觉得他没有任何优点，配不上自己；还是认为这样的他也值得被爱呢？我让小琪从这个角度去思考，小琪开始有不一样的感悟。她告诉我，即便在另一个时空里，男朋友也算得上不错的结婚对象。比如性格好，相处很愉快；温柔体贴，懂得照顾人；硕士学历，在职场蛮有发展潜力；原生家庭和谐，也能给孩子提供支持。这样代入分析，小琪很惊讶地对我说："覃老师，原来我也有那么多优点，之前真的都没想到。"从而价值感和信心都得到很大提升。

其次你可以尝试**心理距离法**。比如问自己："假如好朋友也有类似情况：总认为恋人是完美的，而她自己却有各种缺点，不值得被喜欢。我会怎么跟她说呢？"试着跳出个人的视角，从旁观者的角度去看待这个问题，你应该能发现双重标准的影响。当我让小琪尝试这个方法时，她说："我会告诉小美她是'情人眼里出西施'。她应该看到男朋友也有缺点，然后多去注意她身上的优势，这样对自己会更有信心一些。"然后我再问她："那这个方法是否也对你管用呢？"小琪说她觉得会有帮助。然后我让她把这段话记下来，陷入低价值感的时候念给自己听。据反馈有缓解她在关系中的自卑感。

第三个做法，是**设置自尊感的"保护墙"**，把来自恋人的自卑性投射给挡回去。如果你经常被男（女）朋友指责"笨手笨脚""怎么连这点小事都搞砸",越来越觉得自己没有价值感,那就跟对象设置相处的规矩。比如告诉他:"亲爱的,很多时候你会说我笨、什么都做不好,这让我的自尊心受到很大的打击,也真的觉得自己是个很糟糕的人。为了让我好受一点,我们以后能不能这样:一是别用打击人的词汇,给我贴上糟糕的标签,比如笨、差、做不好、没用。二是就事论事,而且尽量换成鼓励性的描述。就算我哪件事情有需要改进的地方,你也可以换个鼓励性的表达,比如'如果你怎么怎么做,我相信结果会更好'。而且别把问题上升到我本人,说我这里不行那里有问题。你看这样可以吗?"当你获得一个安全、非贬低性的环境时,价值感也会慢慢累积和重建。

当然,可能刚开始你对象不适应这堵保护墙,还是想打破规矩,跟从前一样通过贬低你来找优越感。如果是这种情况,你也要坚定地维护好个人边界,把不该由你承受的贬低给抵挡回去。比如在对象打击你的时候说:"虽然我承认自己在这个方面做得不够好,但也绝不像你说的那么差,请不要对我过度贬低。"或者他把自卑感投射给你一次,你在接下来 24 小时内就不跟他说话。当对象意识到你给自尊心建好一堵保护墙,不管他怎么努力都打不破,他也会慢慢放弃试探,开始学会尊重你的边界和价值感。

这也是为什么很多人说:"只有你学会爱自己,别人才会来爱你。如果你都不爱自己,别人也不会尊重你。"因为当你觉得自己是值得被爱、被尊重的,设置有保护自我价值的个人边界,别人才会看到并用这样的方式对待你。

至此,我们已经掌握了改善低价值感的几种方式。如果你在亲密关系中常感到自卑、配不上对方,或者受到打击,那么请你认真分析原因并找到适合自己的解决方法。最后改编王尔德的话来结尾:"当你学会自我重视和关怀,才是终身浪漫的开始。"

强烈控制欲：
没有空间和个人隐私的压迫感

在爱情中，你是让恋人抱怨的控制狂吗？比如对象出门聚会，你会将他跟谁在一起都打听清楚，还要对象开视频来证明自己；经常翻恋人的手机，强迫他把和前任相关的东西删干净，不准随便跟其他异性聊天；或者要求 24 小时共享定位，必须十分钟内接通电话，随时跟你报告他目前在哪里，在做什么。这种要时时刻刻掌握对方行踪的做法，通常会让恋爱对象叫苦不迭。接下来，我会通过案例 + 分析的方式，帮助你了解自己和伴侣的心态，从而更好地解决这种紧张的情况。

我的来访者阿虎就有很强的控制欲。他总是想掌握女朋友的所有信息，希望对象在自己面前没有任何秘密；甚至要求恋人下了班就立刻回家，不能跟朋友或同事出去玩，掌控对方所有的业余时间和注意力。最严重的时候，女朋友涂哪支口红，穿哪种风格的衣服阿虎都要管。结果女朋友越来越受不了，三天两头地跟他吵架和闹分手。如果你也有类似的情况，可以跟我一起来先看看其中的原因所在。

∞

为什么你会有强烈的控制欲，总忍不住要求甚至压迫另一半？

第一个原因，是你很害怕亲密关系会失控，内心有深深的无助感。心理学上认为，当一个人越想要去控制，说明他对外部环境的掌控力越弱，越需要别人的服从来给自己安全感。刚才我们说的阿虎的心理活动就是这样。他表面上看上去很强势，逼迫女朋友把手机交给他检查，出去玩也要随时跟他报备，但当我深挖他心里的想法，却发现了很强烈的虚弱和无力感。

他告诉我，他很害怕突然冒出一个男生，比他更加优秀和有经济实力，女朋友经受不住诱惑，就甩掉他跟那个男生跑了。或者当女朋友不在身边时，老幻想她在跟别的男生暧昧、调情，脑海里冒出很多被背叛的场景。所以阿虎才那么焦虑，总忍不住去监控女朋友跟谁在一起。只有随时能掌控对方的状态，他才感觉自己是安全、不会受到伤害的。

当然，从表面上看，阿虎很缺乏安全感，用控制的方式来预防女朋友出轨。但控制背后更加根源性的原因，是他内心对自己的不确定。因为真正让他担心的，其实不是对象出轨，而是难以启齿的内心深处对自己的不够自信。这些通通被置换到女朋友身上，觉得是对方有可能背叛自己、自己不值得被信任。然后通过对另一半的高度控制，来缓解他内心严重的自我怀疑。从根本上来说，亲密关系中控制的需要，也是你内心无助感的替代性转移。

第二个原因，是跟恋人变得很亲密，相处时慢慢失去必要的分寸感。刚谈恋爱的时候，你们还没进入"你中有我，我中有你"的共生状态。你还能够意识到，双方都是独立的个体。你要遵守一定的规矩，不能随便地控制和强求对方。但随着双方的关系越来越近，你开始产生"我们是一体"的融合幻想。觉得他好像成为你的一部分甚至是附属品，忘记保持刚开始的克制和分寸感。甚至觉得可以放肆地操控恋人，要求对方完全服从自己的安排。阿虎就是这样的情况。他会认为："你是我女朋友，我翻你手机，要求你不能跟其他男的应酬很正常，你就该听我的话。"因为缺乏必要的边界感，所以在关系中变得越来越有控制欲。

第三个原因，是受原生家庭的影响，潜移默化地吸收父母"控制狂"的模式。如果你什么都要管着恋人，希望把对方捏在掌心里，往往说明你有特别强势的爸爸或者妈妈。可能在成长过程中，父母会打着爱的名义来控制你，比如说：**"我为你好才这样要求你，不然你看我这样对待别人吗？"** 把爱和控制结合在一起，让你觉察不到他们背后要满足自身期待的私心。久而久之，你也就慢慢学到这种相处的模式。所以在跟对象处于热恋期的时候，那种控制的想法也会被激活。你可能觉得说："因为我太爱你了，所以希望你做对的事情，不要被其他人哄骗和伤害。"把你认为"应该"的东西强加给对方，将他塑造成你觉得好的样子。而这一切的源头，可能是你内心深处认同了父母夹杂着控制的爱人方式。

∞

该如何降低控制欲，跟恋人保持平等、尊重的相处模式呢？

第一个做法，是增强对自己生活的掌控力，避免用控制恋人来缓解无助感。当阿虎告诉我他想 24 小时监控女朋友，保证对象没有做对不起自己的事情时，我跟他说了这样一个理念："安全感的来源包括外部和内部。外部的安全感，是你能够每天盯着女朋友，保证对方不做背叛你的事。而另一种安全感来源于自身的强大。你把自己变得足够优秀，有能力处理很多糟糕的情况，这样即便没有把对象捏在手心里，你也会相信这段感情是安全并且顺利的。"让阿虎将注意力放在对自己的控制上，而不要每天都想着查女朋友的定位和聊天记录。

那如何增强对生活的掌控力呢？首先是对自己时间的控制。比如阿虎之前的时间利用率比较低，就算是上班时间也会经常跟同事闲聊，刷刷微博、抖音，中午"吃鸡"和打"农药"，真正集中注意力工作和学习新技术的时间很有限。所以我让他尝试去改变自己的活动时间表——

上午 10 点半不参与同事的闲聊，把半小时时间用来梳理自己工作的流程。

中午吃完饭不急着打游戏。试着翻十页工具书，学习一到两个新的知识点，给自己充充电。把控制欲放在效率的提升上。

其次是对自己工作质量的控制。可能领导之前让你分析数据写个报告，你做完也就完了。现在可以多想一步为什么："领导让我写这个报告，着重想了解什么内容，我该在哪个板块多写一点？""他是想自己看还是对接给其他人，我用什么样的方式呈现效果会更好？"

不仅把工作做完，还要想着如何做得更好。这样一来，你就把控制欲用来促进自己提升，对生活有越来越强的掌控感。同时也把注意力从恋人身上移开，减少很多控制对方的执念。

当然，聚焦于内部因素不代表完全放弃外部因素，而是通过改变自己的方式去影响对方。继续以阿虎为例。我会让他去思考："你知道，我们都是普通人，没有控制另一个人绝对服从我们的神奇魔力，也无法保证一段感情百分百不出问题。那在这样的情况下，你觉得自己能做些什么，提高对象忠诚于你的程度，提升让这段感情顺利继续下去的概率？"结果阿虎想了想，告诉我一个答案："那就是对女朋友好，愿意哄她陪伴她呗。我对象这个人很重感情。只要能一直好好地关心和照顾她，就算有条件更好的男生来追，我相信她也不会离开我。"所以，除了禁止对象接触其他异性，提供更多爱和支持也是提高安全感的好方法。

∞

第二个做法是换位思考，在感情中划分必要的界限。阿虎总忍不住去管女朋友，是因为他觉得："我们都那么亲密了，我有权利对你提要求。"然后我让他去设想一个场景："按照这个逻辑，如果女朋友说她很担心你的身体，在兄弟们的聚会上让你不准喝酒，不准熬夜，因为她觉得有义务照顾好你的健康。那这时候你会怎么想呢？"阿虎愣了一下，然后告诉我："她这样的想法是好的，但也要考虑到我得交朋友，得有一定的应酬吧？"我反问阿虎说："这是不是意味着，即便两个人那么亲密了，也不意味着对象可以随便要求你改变，她还是得有分寸感，要懂得尊重你的想法呢？"阿虎赞同我这个观点。带着这样的思考，我再让他去想一想之前"因为亲密，所以有权去控制"的逻辑："既然如此，你觉得这个道理适用于你跟女朋友的相处吗？"经过这样一轮换位思考，阿虎开始能接受关系中需要一定分寸感的观点。

除此之外，我还教给阿虎两个自我调节的小技巧。首先是在想控制女朋友，强制对象服从安排的时候，在心里反问自己一句："如果对方提出类似的要求，我能接受吗？如果我做不到的话，是否说明这个要求也会让对象难受？"通过感同身受的方式来减轻控制欲。其次是把刚才换位思考的具体过程，通过文字或录音的方式记录下来，然后在控制欲很强的时候拿出来过一下，这样也能起到一定的缓解作用。

第三个做法，是把爱和控制分离开来，学会用商量的方法来达成自己的愿望。在分析了他小时候跟父母的相处模式后，阿虎意识到他把父母那套强势、打着爱的名义去绑架的方法迁移到感情中，引起了很多跟另一半的矛盾。所以也想去调整自己的控制欲。

我教给大家一个两步走的技术。第一步是自我觉察："你这样做的出发点是为了自己，还是为了对方？如果是为了自己，那你真正的目的是什么？"就拿阿虎的例子来说。他不许女朋友跟男客户应酬，明面上的动机是保护她，不希望对象遇到一些坏人被欺负。但在内心深处，他更多是害怕有其他男性来竞争和抢夺，自己没办法守住恋人。觉察到控制是为了缓解恐惧。

我们再来进行第二步：用商量的方式来跟恋人讨论，如何在不影响恋人工作的同时安抚你的被威胁感。你可以跟恋人制订一套应对方案出来：比如她尽量推掉男客户的应酬，减少遇到性骚扰的概率；同时如果必须参加有男客户的饭局，她可以带上信得过的同事，或者让你在楼下等她，尽量保证自己的人身安全。要想真正讨论出一个双方都能接受的结果，你必须让对象参与商量的过程，了解对方真实的想法是怎样的。如果你尊重另一半的意见，让他打心里认同这个方案，那不用强迫和控制，你也能够达到期待的效果。

我们分析了具有强烈控制欲的心理成因以及相应的缓解方式，并通过阿虎的例子教给大家一些掌控自己时间、精力、工作效率的方法。希望有这方面问题困扰的朋友可以多听多看多总结，降低内心的不安，改善亲密关系。

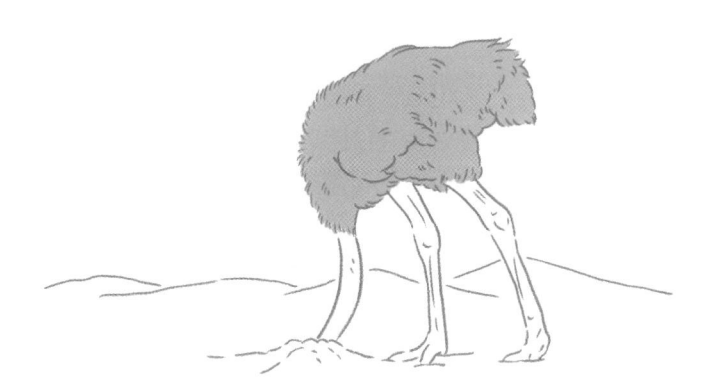

情感逃避：
面对冲突，像鸵鸟一样把头埋起来

你是否有这样的体会：特别害怕跟恋人发生冲突，只要两个人一吵架，你就会像鸵鸟一样躲避矛盾，不敢去面对另一半强烈的情感；如果对方难过了，或者很沮丧地跟你求安慰，你都会忍受不了想要逃开；平时很难跟恋人说甜言蜜语，总觉得说出来会很尴尬。

我的来访者大明就是这种状态。他曾经跟我诉苦："覃老师，我特别害怕跟女朋友吵架。每次都觉得，如果吵架的话，那我们这段关系就完了，她会跟我提分手。所以总是在逃避。你说我该怎么办呢？"可能刚开始只需要安抚几句就好了，但是因为情感回避的问题，大明不敢去面对女朋友的伤心和愤怒。他的逃避反而引发更多亲密关系中的矛盾。更不用说，因为他很抗拒给承诺和谈未来，没有勇气去面对这份情感上的羁绊，结果女朋友也对他越来越灰心和失望了……

为什么你在感情中会有逃避的倾向呢？

第一个原因，是你容纳焦虑的能力太弱了。每个人承受负面情绪的能力都是有限的，就像一个个不同容积的瓶子。有些人习惯逃避，不是因为他们缺乏面对的意愿，而是内心那个情绪瓶的容量太小了。可能男朋友或者女朋友吼了一句，或者掉眼泪，这些刺激就会带来情绪把瓶子灌满了。

当这些负面情绪超过承载的容量的时候，你心中可能就会拉起红色警报，让你赶紧离这些压力事件远一些。表现在亲密关系中，那就是会撇下生气的对方走掉，甚至一连好几天都躲在自己的小世界里。

大明就是情绪承载能力比较弱的类型。虽然他很想照顾女朋友的感受，但是每次对象在那边大哭大闹，怎么安抚都不起作用的时候，他的焦虑感就会直线上升。他跟我诉苦："有时候看女朋友在那儿哭，我都觉得手心冒汗，心脏怦怦跳，特别难受。"强烈的情绪反应，转化成生理上的不适感，也让大明很快开启了"逃跑模式"。

情感逃避的第二个原因，是不敢相信会得到稳定的支持和陪伴。之前我们在测试依恋类型的章节里，谈到高回避性的两种依恋类型——疏离型依恋和恐惧型依恋。这两类人共同的特征，就是对另一半缺乏信任感。不敢相信对方真的在意你的感受，即便发生了冲突也会守在那里，给你提供稳定的情感支持。所以你会呈现出高回避性的特点——不是把自己封闭在一个人的小世界里独处，不跟对象有太多的情感交流；就是遇到矛盾就担心关系会破裂，情愿像只鸵鸟一样把头埋进沙子里，假装看不到恋人心里对你的埋怨。

在谈到为什么要回避另一半时，大明曾经跟我诉苦："我不是不想去面对，但是我真的害怕如果激发矛盾，吵得更厉害怎么办？"在他的想象里，自己是没办法跟女朋友交流相处中的矛盾的。如果真的说了对方哪里哪里让他感觉不舒服，应该做出调整，大明担心女朋友的情绪会更爆炸，然后在冲动之下提出分手。因为对另一半包容和理解的能力缺乏信心，所以大明觉得不说话，用回避的方式来处理会更好。

最后说第三个原因，情感回避也是我们潜意识在做风险管理的一种方式。在现代的经济社会中，如果一家企业处在有风险的市场环境里，那就会想尽办法去控制这些风险因素，尽量把遭遇损失的可能性降到最低。放到我们人类身上也是这样的。人具有趋利避害的生理本能，也会下意识地选择最能够保护自己的防御方式。如果这种否认、冷处理的方法让你尝到甜头，真的感觉内心难过的情绪好很多，那就有可能一直采取这种应对模式，然后慢慢被固化为情感逃避的倾向。

我接触过的一些来访者就是这样。在他们的原生家庭里，如果尝试去沟通和发表观点，父母会说"你是不是还没认识到自己的错误"，然后施加更严厉的惩罚。要是什么都不说，假装没有矛盾发生，反而有可能会避免被责骂。如果长期浸泡在这样的成长环境里，或许你也就自然而然地认为，情感逃避是会带来安全的，而忽略了缺乏回应其实会让另一半感觉被忽视，内心激发更强烈的负面情绪。

∞

我们要如何扭转这种情感逃避的倾向呢？

第一个做法，是去扩大瓶子的容量，让自己能够承载更多的负面情绪，不至于恋人哭闹几句就焦虑得要逃跑。我教给大明一个心理学上的治疗方法，叫系统脱敏法。操作方法是这样的：第一步，找到所有让自己感到焦虑、恐惧、不安的压力事件，比如女朋友指责你、她伤心地哭泣、她情绪激动闹得很厉害、你们争论某个问题等。确认这些让你感到想逃避的刺激源之后，我们再进行下一步，那就是对它们的严重程度进行打分。1分是最轻度的刺激，5分是最强烈的刺激。对大明来说，他觉得跟女朋友争论某个问题算是轻度，而对象情绪失控大吼大叫是最难以忍受的刺激。

给这些压力事件分类后，第三步操作就是想象自己重新经历它们。比如可以从1分的刺激源开始，慢慢适应它所带来的焦虑感。等到自己不再焦虑和恐惧的时候，再在脑海里呈现出 2 分、3 分的压力事件，逐渐提高自己容纳负面情绪的能力。大明告诉我："刚开始做这个练习，我会觉得还是很害怕。光是想到跟女朋友争论就蛮不舒服的。但是想得久了，我感觉好像也没那么可怕。还可以升级到去想象她指责我，说我不好的场景。所以这个练习还是蛮有帮助的。"

当然，除了在大脑中做系统脱敏法，提高自己的心理准备，我们还需要在实战中解除焦虑感和恐惧感。当女朋友的情绪稳定下来后，我让大明跟她商量去模拟这些压力事件，在现实中克服情感回避的问题。方法也是先从争论开始。等适应了跟女朋友的意见不合，再模拟对象攻击和指责自己的场景。通过想象和现实中的系统脱敏训练，大明容纳负面情绪的瓶子变大很多，不会一遇到问题就想装鸵鸟躲进自己的小世界里。

第二个做法，是确认对象会一直陪伴和支持你，不会因为发生矛盾就放弃这段感情。当大明跟我倾诉说："覃老师，我很担心如果有争吵的话，我的女朋友会很生气，然后跟我提出分手怎么办？"我首先让他回想一下过去的经历，是否有跟女朋友吵得很厉害的时候。那么在那样的情况下，对象是吵着闹着要分手，还是并没有表现出感情破裂的风险呢？大明想了想回答我说："好像没有到提分手的程度吧。她只是说了很多感受，然后让我去安慰她。"当大明有这样的觉察后，我再问他："那么是否可以说，根据以往的情况来看，你们的感情可以说还是蛮稳定的，没有太多明显的、因为吵架而破裂的风险性？"大明接受了这个说法，然后告诉我他对恋人的信任感提升了一些。

除此之外，我们还可以去寻找"爱的证明"，就是那些能给你确认感，让你相信对象会支持你、陪伴你走下去的证据。我这样引导大明去思考："在你跟对象的相处中，是否体验过那种不担心被抛弃，可以很放心地信任她的感觉？要产生这种信任感，你觉得是对方满足了哪些条件？"大明告诉我，他的确有几次产生过这种体验。比如当他感觉很焦虑想逃避的时候，女朋友也没有逼他说话，而是给他时间缓和了半个小时；还有当他说到对方的强势让他感觉不舒服的时候，女朋友不仅没发火，还说抱歉让他感觉不舒服了。慢慢地，我们提炼出对象很多"爱的证明"——在发生冲突的时候，愿意往后退一步，给大明空间去消化负面情绪。发现这样的证据越多，大明越相信女朋友总体上是善解人意的，会给他包容和支持。所以遇到冲突时，内心想要逃跑的感觉也被冲淡了不少。

第三个做法，是调整自己应对问题的观念——意识到情感逃避看似能够避开矛盾，但从长远来看，会给亲密关系造成破坏性的影响。所以要采取更加有效果的处理方法。我让大明从短期和长期两个角度去看问题。比如说，短期来看，如果你不接电话不回消息，能够躲开女朋友负面情绪对你的影响。但是如果从长期来看,你的回避是不是深深伤害到女朋友的心,让她变得特别焦虑,反而有可能爆发更多的争吵?通过这种短期-长期的视角看问题,大明也开始意识到情感逃避的危害性,更有动力去面对问题。

∞

当然,大明不可能一下子变得特别勇敢,立刻做到特别好地面对亲密关系中的矛盾。我也教了他两个可以缓解冲突的小方法。第一个叫作逃避之前先打招呼。我告诉他:"对回避型依恋的人的另一半来说,他们其实是理解对象需要空间缓一缓的。但让他们焦虑的点在于,自己的对象不打招呼就离开,这种缺乏回应的状态才是吵架的导火索。"所以大明可以出去抽根烟,或者走几圈,但是需要先打一声招呼说:"我现在感觉好难受。我得出去缓一缓,半小时以后再回来继续聊。"告诉对象你现在的心情,你待会儿要做的事和回来的时间,对方心里就会多很多确认感,不会总悬着一颗心,特别焦虑。

第二个叫作给"爆炸"的对象"顺一顺毛"。如果让对象一直包容你的回避、不说话和假装没有矛盾,时间长了,她心里肯定会很委屈、很受不了,甚至会觉得:"这太不公平了!为什么都是我在付出?"然后对你的情感逃避特别不满。遇到这种情况,你也需要在平时多下点功夫,降低对象心中的怒气值。比如去共情女朋友心中的愤怒感:"亲爱的,我知道我平时遇到问题总喜欢逃避,真的辛苦你了。"让她感觉自己的委屈是被看到、被理解的,这样情绪也会好很多。或者在你状态好的时候,也可以用自己的方式对女朋友好。比如给她做好吃的,带她出去玩。这些爱的传达,也能稍微安抚对象心中受伤的部分。

如果你面对冲突茫然无措,不知道该怎么安抚对方,那么你可以参考我提供的方法,更好地去提升你们的亲密关系。

假性亲密：
"爱无能"的旋涡

你会有这样的困扰吗？明明处于一段亲密关系中，但是感觉跟另一半离得很远很远，并没有真正在恋爱、能够放心去依赖的感觉。说几个可能会戳到你的例子：比如与他一起去旅行、到网红餐厅打卡，当你这样做的时候不是发自内心地快乐，而是为了扮演热恋中的情侣应该有的样子。或者你们在一起只会说些吃喝玩乐这种表面的事，你不会与对方分享你心中那些敏感、纤细还有脆弱的情感。两个人就像生活合伙人，而不是有精神共鸣的灵魂伴侣。

我的来访者小玲就是这样的典型的假性亲密者。从表面上看，她跟男朋友非常恩爱。两个人总是有聊不完的话题，平时很少会吵嘴和闹不愉快，是外界看来很模范的小情侣。但是这种恩爱只是小玲表演的面具，她内心深处对另一半并不亲近和信任。她很苦恼地说："我感觉自己缺乏爱人的能力。相处就像在完成任务，并不是真正地享受这段关系。"

这种假性亲密的状态是什么导致的呢？

第一个原因，是你戴着伪装的面具在生活，不敢把内心真实的情绪开放给恋人。这种状态跟我们的成长环境有很大关系。如果从小开始，照顾你的爸爸妈妈就能看到你的需要，比如当你难过的时候会好好地鼓励你，让你找回丢掉的信心；当你感觉害怕了会及时出现保护你，提供能够遮风避雨的心灵港湾，那么你会觉得这个环境是安全的，允许你成为真正的自己。

但糟糕的是，很多人的原生家庭恰好相反。父母不仅不会满足孩子的情感需要，还会把角色颠倒过来，变成剥削孩子的巨婴成人。小玲的爸爸妈妈就是这种状态，她从小就是妈妈的情感垃圾桶。每次妈妈工作上不顺利，或者跟爸爸吵架了，都会把气撒在小玲身上，通过对她冷嘲热讽来发泄内心的负面情绪。而小玲的爸爸呢，也特别喜欢打压女儿来获得权力感。动不动就训小玲一顿，罚她写三页纸的自我检讨，把在外面没逞的威风通通找回来。

结果就是，小玲觉得暴露真实的自己是不安全的，会被亲近的人利用和伤害。所以她慢慢发展出假性自我——看似能跟人很快打成一片，但实际上对谁都不信任的状态。即便建立起亲密关系后，也很难摘下戴了太久的面具，放心去做真实的自己。

第二个原因，是性格比较敏感。如果真的卸下心防跟对象在一起，会体验到很多很多的伤害和痛苦。因为从小就被父母在情感上剥削和压榨，小玲对别人的一举一动都会很敏感。比如她在跟恋人倾诉的时候，特别留意对象的表情和反应。如果看到男朋友显得不耐烦的样子，或者有点敷衍地说"嗯嗯""不要想太多了"，她就会立刻觉得："是不是我讲话太烦人了，让他根本不想听下去？"内心受到非常大的打击。还有小玲很在意恋人会不会重视她的需要。如果她说了自己很难过，但对象却无动于衷，没有及时过来哄她和安慰她，小玲就会觉得自己是无足轻重的，根本没有人会在乎她，心里冒出很多自我贬低的声音。

所以小玲告诉我："如果真的信任男朋友，不留一丝防备，那我这样敏感的性格，肯定会挑剔他这里做不好那里有问题，结果不仅心里累积很多负能量，还会伤害我们两个人的感情。"因此她才会采取假性亲密的策略，给自己套上一层厚厚的情感保护膜，在心里降低对男朋友的情感依赖。这样的话，虽然两个人没有真正的亲密，但小玲也不会那么敏感和在乎，因为对象一些地方没做好就伤心失望了。

第三个原因，是缺乏区分和表达情绪的能力，无法跟另一半分享自己的内心世界。有些人处于假性亲密的状态，不是因为他们不愿建立真实的情感联结，而是自己心里本来就比较乱，当伤心、愤怒、无助等负面情绪冒出来的时候，他们被这股复杂的能量弄晕了。可能他们能体会到的，就是自己很难过，很需要恋人过来安慰，传递给另一半的，也是这样需要亲亲抱抱举高高的心情。但背后那种微妙的，觉得"我没有能力，无法靠自己的力量站起来"的低价值感，却无法传递出来并让对象感觉到。所以两个人的交流一直停留在表面，没有达到真正的心灵上共振的感觉。

那么该如何跳出假性亲密的旋涡呢？

第一个做法，是给自己创造一个安全的相处环境，让真实的自己敢于一点点地冒出来。我曾经问过小玲："我知道你之前的成长环境是很糟糕的。妈妈把你当成出气筒，爸爸在你这里耍威风，感觉你一直处于很不安全的、被剥削的状态。那么，你觉得现在有一个怎样的环境，会让你感觉很安全，可以去做自己呢？"听到我这样问之后，小玲给出了两条标准。第一条是恋人不像父母那样自私和剥削她。具体来说，男朋友应该能处理好自己的情绪。如果在外面受了气，也不该把火撒到她头上，让她能够摆脱情绪垃圾桶的角色。而且在事业方面，男朋友应该找到价值感和存在感。当对象拥有受人尊敬、能够自我实现的工作，也就不需要总是打压她来找存在感了。当对象能够在感情中比较平等、尊重地对待小玲，注意别踩到小玲父母踩过的那些雷区，小玲就会觉得这段关系是安全的，可以尝试去表露真实的自己。

第二条标准，是对象可以跨过正常的界线，给自己更多的爱和包容。小玲很无奈地说："因为过去被情感剥削得太厉害了。我感觉自己没办法真的去信任对象是不一样的、会好好对待我的。只有他多为我做一点，比如愿意牺牲一点打游戏的时间来陪我，或者生气的时候还能包容我的情绪，这样的话，我才觉得他是会接纳我的对象。"小玲的第二条标准，就是用恋人多一步的付出和牺牲，来测试他是不是真的值得信任的对象。

探索清楚怎样才算安全的环境，我再让小玲把这些期待跟男朋友沟通，看看对方是否愿意接受并帮助她重塑有安全感的亲密关系。结果发现，当男朋友理解小玲的这些需要，并且给了足够的情感支持后，小玲也慢慢敢于在另一半面前摘下伪装的面具，放心地表露真实感受。当然，你可能会说："我没有小玲那么幸运。我的男朋友不会理解和帮助我的。"既然这样的话，你也可以去寻找家人、朋友或者其他愿意给你安全体验的人。获得滋养性的环境，我们假性亲密的状态也会一点点地消融。

第二个做法，是用现实的反应替代消极的想象，并且对恋人保持合理的情感期待。当小玲感觉男朋友有些不耐烦，冒出"他一定是觉得我很无聊，不想听我说话"的习惯性思维时，我让她别急着给对象贴上不值得信赖的标签，而是尝试去询问另一半的真实想法。因为小玲跟男朋友平时什么都能聊，所以我让她直接把自己的猜测告诉恋人，听听对方究竟怎么想的。比如说："亲爱的，我刚才说话的时候，发现你经常跟我说'你不要想得那么多'。我就很担心，你是不是嫌我烦，不想让我继续说下去呢？"结果才发现，男朋友并不是没有耐心倾听小玲，而是心疼她背负了很多不好的情绪，希望她能过得快乐一点。这样说是出于爱而不是厌恶的心理。当小玲知道男朋友的真实想法，她也就没那么害怕被讨厌，可以比较放心地依赖对象了。

　　当然，对恋人保持合理的期待也很重要。我让小玲在纸上画出一条横线。横线的右端是一百分，即完全地信赖恋人，内心没有一丝的防备。左边是零分，即确定对象是不可靠的，最好的方式是维持表面的和谐。接下来我让小玲去思考："假如把这两种状态看成横线的两端，我们是不是可以在中间取一个点，既能够跟对象建立真实的情感联系，同时又不会失去防御，感觉自己很虚弱？"通过对这种认知连续体的想象，小玲开始意识到，她能够采取的方法其实有很多，并不是非此即彼、非黑即白的。她可以敞开心扉跟对象交流，但并不用做到每时每刻都完全开放、毫无保留的程度。只要保持基本的心理防御，把对亲密关系的期待值设置在 70 分或者 80 分，她就能在跟恋人保持联结的同时，不会总去纠结对方这里或那里不好，因为敏感的个性而产生很多情绪困扰。

第三个做法，是学会辨别自己的情绪，然后通过语言的方式表达出来。我让小玲先尝试给自己的情绪命名。比如当小玲很难过，另一半却没有及时出现并提供安慰的时候，我跟她一起去梳理情绪。首先是失望和愤怒。因为小玲觉得男朋友会是温柔体贴、善解人意的，但现在对方却没达到这种期待，让小玲觉得很有挫败感。其次是绝望和无助感。小玲告诉我，她觉得自己就像在泥潭里越陷越深，却没有人来拉她一把帮她走出来，心情特别绝望。最后还有自我谴责的心态。她觉得这样的自己是糟糕的，总给男朋友添麻烦，心里也特别地愧疚。失望、愤怒、绝望、无助、自责……当把这些复杂的情绪梳理清楚，我们对自己的觉察能力就提高了，可以把更多内心的想法告诉对象。

当然，这个转化的过程需要用语言来达成。要破解假性亲密的问题，你也需要告诉恋人你的心理活动是怎样的，让这段感情中的互动变得越来越真实。还是举小玲的例子。当男朋友没有过来哄她，她觉得很难过时，我鼓励她不要把这种情绪憋在心里，假装两个人之间没有任何矛盾，而是用一种平和的语气告诉对象你是怎么想的。比如说："亲爱的，昨天你没有过来安慰我，我有种很失望、很难过，也自我怀疑的感觉。因为在我情绪特别低落的时候，你没有像我期待的那样过来拉我一把。同时我又觉得很愧疚，因为这样发脾气的我给你添麻烦了。"当你能够把情绪用一种恰当的、双方都能接受的方式说出来，那就不需要为了粉饰太平把感情变成假性亲密的状态。

092　恋爱不累心

Chapter 3

向外探索，
别把自己锁在不安的小黑屋里

对陪伴的渴望、对理想恋人的珍惜、对得到的执着……当你身上暴露出这些情感上的弱点，该如何解决不安，建立更有安全感的亲密关系呢？

拆掉情感软肋：
主动出击解决不安

在亲密关系中，你是否感觉自己有很多软肋暴露出来？比如特别依赖另一半，你希望他一直在你身边，当你感觉难过的时候会紧紧地抱住你，让你的心情不再那么低落；比如觉得再也遇不到像恋人那么优秀的人，所以你会无止境地容忍他，即便对方经常忽视你的感受也不会吭声；或者越来越像爱情中的"吸血鬼"，总是想从对象身上得到什么，一旦要先为了他付出或牺牲就会觉得很排斥。

∞

对陪伴的渴望、对理想的恋人的珍惜、对得到的执着……当你身上暴露出这些情感上的弱点，该如何解决不安，建立更有安全感的亲密关系呢？

第一个做法，是把要求对方做什么，变成我可以做什么。通过改变自己能改变的部分，主动出击调整焦虑感。之前我的来访者娜娜非常焦虑。她的主要问题是，对男朋友有很多很多期待，但对象却不愿意配合，两个人经常吵得很厉害。她刚开始过来找我的时候，会很焦虑地说："覃老师，您帮我想想办法，看看怎么样让我的男朋友少打点游戏，多花点时间跟我沟通，或者两个人一起出去旅游也好啊。"娜娜感觉很无奈。因为她什么方法都试过了，不管是很平静很诚恳地沟通，还是又哭又闹冲男朋友发脾气，对象说什么都不愿意花一个周末陪她出来逛街，情愿宅在家里一直打游戏。

遇到"游戏寡妇"这样糟糕的、没有得到好好陪伴的处境，我跟娜娜说了一个根本的调整办法。那就是从自己的世界里跳出来，尝试把重心从"我希望对方为我做什么"转移到"要达到这个目标，我可以做什么"上，学会站在对方的立场上来说服对方。首先，我让娜娜去反思："如果男朋友陪你逛街，你觉得他能收获乐趣吗？还是对方可能就很无聊，也只能低头打游戏呢？"娜娜有些语塞了。她告诉我，她只想到让男朋友陪她出去，没想过要让对方也享受这个过程。所以我让她学会一个共赢的思维模式。不要只想着让自己开心，而是安排大家都感兴趣的活动，正确地调动另一半的积极性。听了这个建议之后，娜娜就调整了自己的思路。她开始邀请男朋友去看漫展，或者最近要上的超级英雄电影，然后在出来的路上再找个地方吃饭，两个人走一走。有了这种双赢的思维转变，娜娜获得了更多跟男朋友相处的时间，两个人也不那么频繁地为打游戏的事而吵架了。

当然，娜娜还会有其他沉浸在自我视角中的问题，比如只关注男朋友表现得不好的地方，一味地指责和挑剔他，忽略了去鼓励男朋友做得好的部分。当娜娜回顾和对象的相处时，我们很惊讶地发现，刚开始恋人是愿意陪娜娜出来逛街，包容她的坏脾气的。只是在这个过程中，娜娜看到的只有恋人陪伴的时候不积极，经常坐在那里低头打游戏，经常吵架说对方不重视她。因为这样总是被否定，好的部分都没有被看到，所以刚开始还愿意陪她出来的恋人，后来也就彻底放弃了。所以，我也让娜娜设身处地地去想："如果换成你，辛辛苦苦给男朋友做了一顿饭，结果他还嫌弃肉太咸饭做糊了，你会不会很生气，以后再也不想给他做吃的呢？"然后我也告诉娜娜，如果看到恋人做得好的地方，肯定对方付出的心意，可能反而会更好地调动另一半的积极性。我继续让娜娜尝试换位思考："如果对象采取相反的方式。虽然你做的饭的确不好吃，但他会鼓励你说'亲爱的，你花那么久时间为我做饭真的辛苦了。我一定会好好吃完'，那你是不是会很受鼓舞，动力满满地提升厨艺给他做好吃的？"所以从对方的角度出发给他肯定，也能够提高他满足我们需要的积极性。

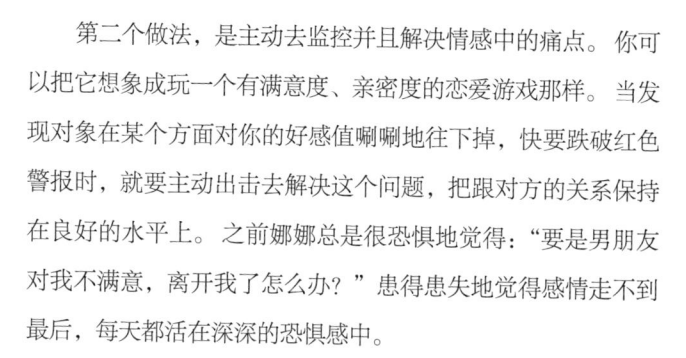

第二个做法，是主动去监控并且解决情感中的痛点。你可以把它想象成玩一个有满意度、亲密度的恋爱游戏那样。当发现对象在某个方面对你的好感值唰唰地往下掉，快要跌破红色警报时，就要主动出击去解决这个问题，把跟对方的关系保持在良好的水平上。之前娜娜总是很恐惧地觉得："要是男朋友对我不满意，离开我了怎么办？"患得患失地觉得感情走不到最后，每天都活在深深的恐惧感中。

所以我会教给她一个方法，那就是不要只关注恋人是不是要离开自己，然后有一些风吹草动就感觉特别恐慌。更好的方式，还是去思考哪些方面恋人的满意度下降得比较厉害，然后跟他及时沟通解决掉问题。像之前娜娜的男朋友抱怨她太黏人，总是要被哄被安慰，这种状态让他应付起来很有压力。所以我也让娜娜着手去调整这个依赖度比较高的问题。比如原来想霸占男朋友所有的时间，那么现在就只需要对象把50%的时间拿出来陪伴，一个人的时候也好好打理自己的生活。可以跟闺密一起去报名油画班，把以前想学的美术捡起来；或者可以下班以后去健身房上瑜伽课，既能锻炼身体又能打开社交的圈子，慢慢减少给另一半造成的情感负担。

男朋友对娜娜的主要不满还有她特别敏感。一旦男朋友跟其他女生多说了几句话，或者夸奖异性几句，娜娜就会条件反射地觉得："你是不是喜欢上其他女生了？"或者说："你是不是看上某个人，然后嫌弃我这里不好那里不行？"会把事情往自己可能被背叛，或者价值感遭到贬低的方向去想。这也让对象跟她相处的时候说话要特别注意，结果越来越心累。我让娜娜意识到在沟通这一块，她在男朋友心中的印象快要滑落到很糟糕，需要及时调整的水平。然后再教她一个提高分数的方法。那就是不要走极端。比如男朋友跟某个异性聊得来，正常来说可能是他们在这个领域有比较多的共同话题，所以能说的比较多，不代表对象要背叛你跟另一个女生在一起。尽量往现实的、合理的方向去推测，避免灾难化的脑补，那另一半就不需要总是解释和一遍遍地保证没有出轨，沟通的满意度会逐渐回升。总的来说，调整恋人对你不满的地方，努力把各项好感度维持在良好水平上，那么情感上的软肋就不会被放大成致命伤。

除了努力去提升关系满意度，我们还要评估这样做有没有效果，然后根据对象的反馈及时地调整。因为做得好不好，我们说了不算，真正有发言权和决定权的是另一半。所以我让娜娜每个月都对男朋友做一次问卷小调查。比如回答几道满意度评分的题目，比如说"在沟通方面，你这个月的满意程度是几分？""在个人空间方面，你这个月的满意度是几分？"还有开放性的部分："你觉得在今后的相处中，还有哪些地方需要注意，以及怎样做才会让你觉得更好？"通过这样每个月一次的分数反馈，我们能够比较直观地看到刷好感的尝试是否满足恋人的预期，起到维护关系的效果。而开放性的问题，也给另一半提供了发声的机会，让我们注意到关系中的隐藏痛点。通过主动监控和处理情感软肋，你的安全感和自信心就一点点建立起来，不会害怕被抛弃而每天患得患失了。

∞

第三个做法，就是学会把心态从索取型转换成付出型，在对另一半好的过程中体验到价值感。当你的眼睛不再只盯着收获了多少，而是把重心倾斜到给予爱上，你总是害怕失去的情感软肋就会不攻自破，每天都能收获满满的幸福感。娜娜的情况就是这样。刚开始，她对于男朋友有没有来哄她，每天都打一通电话说晚安很在意。要是对象忙工作忘记了，或者实在累到没有精力安抚她，她就会特别恐慌，总担心恋人已经厌烦了，不想再陪伴她给她很多爱和温暖。

要打破这种被抛弃的恐惧，我教给大家一个方法。那就是不再去计算自己得到了多少，而是把关注点放在有没有好好爱对方和为这段关系的付出上。比如当恋人加班加到很晚，会问他有没有来得及好好吃饭。如果没有的话，可以点一份清淡的小粥给他送过去。或者他平时很少有时间锻炼身体，那周六周日可以跟他一起出门爬山，或者骑行到郊区散散心。当你能够为恋人的快乐而快乐，在付出中找到价值感，也就能减轻情感上索取的需要，不会再因为对象少打一通电话而焦虑不安了。

当然，如果要采取这样的方式，你可能会反问我说："难道要我一直付出吗？如果都是我在对他好，他却没有回应我怎么办？"我觉得这个担忧是很合理的，有两个解决方式。第一个是你对他这个人的人品进行评估。比如去想："他这个人是特别自私，不会把别人的好放在心上的那种，还是并没有我想象得那么坏，能够看到并且珍惜这份感情呢？"如果对象不是那种完全以自我为中心，平时就把朋友、家人的爱看成理所当然的人，那我们也能更有信心地假定，自己的付出大概率是不会被辜负的。一点点缓解对于主动付出的恐惧心理。

那么第二个应对方法，就是学会及时止损，遇到情感中的"吸血鬼"时尝试保护自己。当你发现，另一半总是要求你满足他的需要，而他在你伤心难过的时候却表现得很冷淡时，我们不是只能任由自己被情感剥削，你可以跟对象立规矩，告诉他你的边界在哪里。比如说："亲爱的，我觉得感情应该是两个人相互照顾、相互扶持的过程。我很愿意在你需要的时候听你倾诉，当然我也希望你能在我难过的时候安慰我。有来有往关系才能继续下去，你说对吗？"当相互给予的规则建立起来，我们就能保护自己不受情感勒索了。

刻意练习:
不断跳出感情中的舒适区

可能你会遇到这样的困扰:在同一个情感问题上不断摔倒,谈了再多次恋爱也绕不过这个坑。你会感觉自己像掉进一个重复的噩梦里:即便遇到不同的恋爱对象,都有同样很美好的开始,但接着很快就爆发冲突和争吵,最后感情就这样一点点被消磨干净了,感觉就像中了可怕的诅咒。

我的来访者依依曾经很绝望地说:"我觉得自己已经没有希望了。每次谈恋爱都很别扭。要求他包容我耍小性子,他做不到,就一直在闹他,直到把他闹到忍无可忍跟我提分手为止。我总是会把亲密关系搞砸的。"对自己在亲密关系中作的表现感到很苦恼。

∞

如果我们总被某个情感问题困扰,那该如何让自己打破糟糕的相处模式,让关系质量得到进一步的提升呢?

我给大家推荐一个好的方法，那就是刻意练习。什么是刻意练习呢？所谓刻意练习，就是有意识、有目的地去锻炼某个方面，把我们身上的痛点逐个击破，然后把亲密关系升级到更好的状态。

有意识地觉察和练习，这个要求听上去很简单，但要做到并不是那么容易。举个最简单的例子，比如同样是谈恋爱，为什么有些人能够把感情经营得那么好，而有些人却三天一小吵五天一大吵，让两个人的相处变得那么痛苦呢？这其中关键的差异，并不是在于说恩爱的小情侣从来没有矛盾，而是在冲突发生的时候，他们会去总结自己的哪些思维模式、行为习惯导致了冲突，然后有意识地跳出舒适区，把这些问题一个个地矫正过来。

在这个方面，我觉得朋友大川做得非常好。他原先一直在理工科学校上学，训练出来的也是有一说一，不兜圈子的思维模式。跟女朋友吵架的时候，如果对方说："我没事了，就这样吧。"那大川真的就认为矛盾已经解决，不会再去安抚和照顾女朋友的情绪。读不懂对象真正想表达的意思，结果就是大川经常被撑，两个人爆发激烈的争吵。

但大川的优点在于有刻意练习的思维。经过多次吵架，他慢慢意识到，原来引发女朋友不满的原因是他脑子不会拐弯，没有理解到对象话里有话、内心很委屈渴望被照顾的潜台词。

觉察到问题之后，他给自己定下一个目标：那就是跳出有一说一的舒适区，尝试去理解字面含义和引申含义两个方面。当他看到恋人言语背后真正想表达的情绪时，冲突就减少了很多。

回到来访者依依的例子。她该如何用刻意练习来解决总会搞砸亲密关系的问题呢？方法和上面说的差不多。就是先要看到，这种无理取闹，不断挑战恋人忍耐极限的做法，极大地破坏了感情。所以要跳出舒适区，逐渐改善这种惯性的"作"的模式。我让她尝试两个方面的行为改变。第一个方面，是学会用语言的形式把心中的不满说出来。我跟她打了一个比方："哭呀，喊呀，摔东西呀，都是在用最原始的方式表达你对男朋友的不满。"可能更加高级而且不伤和气的方式，是把你的负面情绪好好地表达出来。比如可以讲："亲爱的，我心里期待你是会照顾我、包容我的。如果你承受不了我糟糕的一面，我会感觉很失望，好像你是不关心我的。"当你能够放弃比较原始的情绪表达方式，有话直接讲出来，那就是在有意识地降低"作"的影响。

除此之外，我还给了依依第二个跳出舒适区的建议。那就是控制自己情绪宣泄的强度，把作的程度控制在恋人可以接受的范围内。之前依依受了委屈的时候，会跟男朋友又哭又闹，把内心的负能量通通宣泄出来。现在我让她有意识地控制情绪强度——比如把 50% 或者 60% 的攻击性表达出来，然后自己去消化剩下那一半负能量。当这个一百斤的担子有两个人承担，那对象的压力就会减轻很多，亲密关系也就没那么容易崩盘了。

结果发现，当依依跳出舒适区，在情绪的表达方式、表达强度等方面进行刻意练习时，她的亲密关系也在一点点得到改善。

∞

刻意练习的第二个层面，就是寻找教练。让对方发现你哪里不够好，然后根据反馈不断进行调整。这就像我们练习跑步一样，教练会发现你在跑步姿势、摆臂、呼吸以及动作组合等方面不协调的地方，给你调整的建议。如果没有获得这些反馈，只是按照自己的想法在练习，那错误的动作习惯可能就一直保持下来，让你速度提高不上去，甚至有受伤的风险。

在亲密关系中也是同样的道理。只有重视反馈并纠正自己的弱点，我们才能在对的路上越走越远。继续拿依依来举例。她听到我说要把情感表达的方式升级，用语言而不是哭闹来传递委屈的心情后，的确能开始讲自己的感受了。但她的问题在于，会对恋人说很多激烈的指责和不满，像是抱怨对方："你根本不在乎我，从来没有把我放在心上过。看到我那么难受，也不会过来哄和安慰。你看别人家的男朋友像你那么冷漠吗？"结果就是对象开始辩解，两个人又陷入一种争吵的状态。

听到依依的描述后，我告诉她情感表达不起作用的原因。那就是她用攻击和指责来告诉对象她有多难过，没能心平气和地沟通，好好表达自己的感受，这样的话，对象会陷入自我保护的状态，只想着如何反驳批评，没有多余的精力来体谅她的感受。所以要达到沟通的目的，依依需要正面表达自己的感受。比如把"你根本不在乎我"这种间接的说法，转变为"亲爱的，有时候我觉得自己好孤独，好希望你能多陪陪我"这样直接的方式，或者把"你看谁家男朋友像你那么冷漠"转变为"亲爱的，当我难过的时候，我也希望你能过来安慰我，鼓励我"。当依依接收到我的反馈，并且有意识地从控诉转换到自我表达时，她跟另一半的沟通也就越来越好了。

在情绪宣泄的部分，反馈也对依依有很大的帮助。比如当我们商量好她承担 50% 的负面情绪，然后跟恋人分担剩下的 50% 时，依依会感觉比较压抑。因为她习惯把男朋友当作情绪回收站，如果不跟对象发泄难过的情绪，她只知道将委屈压在心里默默消化。了解到依依这种情况后，我反馈给她一个自我调节的方法。那就是找一个玩偶或者抱枕，将对象的照片贴在上面，想象这就是另一半坐在自己对面，然后试着把心中的不满还有抱怨说出来。通过这种替代性的方式来宣泄情绪。我也鼓励她不要整天宅在家里，要多出去走动走动。比如到楼下的操场跑几圈，或者跟爱跳舞的闺密报名爵士舞培训班，通过挥汗如雨的方式代谢掉内心的负能量。结果证明，根据反馈来认识不足，有针对性地突破痛点，依依在情绪疏导方面做得更成熟了。

当然你可能会问，如果我的身边没有心理咨询师，或者其他能给我意见的人怎么办？这个问题不难解决，那就是跟另一半取经。对象作为恋爱中的另一方，他对于关系怎样会更好最有发言权。你可以让他担任给予你反馈的情感教练。比如商量说："亲爱的，我在尝试把心里话讲出来，而不是总用哭闹的方式来解决问题。可能在起步阶段，我有很多做得不好的地方。如果你感觉我走偏了，或者另一种方式更有效，也拜托你给我反馈帮助我提升，好不好？"

与此同时，我们也要给对象一张免死金牌。就是当他点出你的问题时，不要觉得他是在针对你，然后大发脾气，应该保持理性的、对事不对人的态度。这样的话，恋人就不会因为求生欲而敷衍你。你也能够通过他的反馈自我矫正，避免一次又一次地在相同的问题上跌倒。

∞

刻意练习的第三个层面，就是认真地反复练习。把新的行为模式牢牢记在脑子里，让糟糕的习惯一点点消退掉。在刻意练习初期，依依很有挫败感地问我："覃老师，为什么我按照您说的方法去做了，但有时候还是会很作，把男朋友当成情绪垃圾桶？是不是刻意练习对我没效果啊？"我告诉她："改变的发生是有滞后效应的。经过十几二十年的无数次重复，作的套路已经在你的大脑中根深蒂固了，有一种强大的惯性在。要建立好的情感表达模式，你需要不断去练习，这样才能在曲折中慢慢看到改变的发生。"

所以如果你遇到了这种问题，需要做到两点：第一是坚持把情绪用语言讲出来，从自己的角度平和地表达。不仅仅是在吵架的时候才这样做，而是把它渗透到每个时间、每个场合的相处中，大量地反复地练习；第二是要有耐心，做好量变引起质变的准备。可能刚开始没有体现出明显的效果，但你要相信坚持一到三个月，或者更长的时间，过去那糟糕的情感表达方式会得到改善，你也能摆脱总是把关系搞砸的强迫性重复。

108　恋爱不累心

跳出"牛皮糖"模式：
主动避免过度需要

你是亲密关系中的"牛皮糖"吗？跟对象在一起之后，做什么都需要他陪伴。比如下班之后希望他能立刻回到你身边，如果对象说要应酬，跟哥们儿出去打个球，你都会心里不舒服跟他闹情绪；或者两个人待在家里，你不许他自己看球赛或者打游戏，要求他跟你一起看综艺节目，双方保持完全的同步性；要是对方不得不到外地出差，你也期待他做到电话秒接信息秒回，晚上把视频镜头一直开着，安抚你低落的情绪并且哄你睡着。慢慢地，你对另一半的依赖感越来越重，甚至到了他不在身边就难受的程度。

我的来访者小芳曾经很苦恼地说："覃老师，我觉得自己太黏着男朋友了。如果没有他陪伴，我会觉得心里空荡荡的，做什么事都没有意义，无精打采。您能理解我这种感觉吗？我到底该如何调整自己？"

∞

对情感过度依赖另一半的人来说,我发现有三个办法能帮你们走出"牛皮糖"模式。

第一个做法,就是经营好自己的生活,不要因为有了爱情就放弃原先的规划和发展。在陷入依赖模式的来访者身上,我发现有一个共同特征,那就是跟对象在一起之后,她们把生活的重心都放在亲密关系上了。觉得有恋人陪伴就已经足够,原先雄心勃勃要实现的职场规划,还有每周跟闺密聚会的习惯都被放在一边。结果就是,对男朋友的依赖感越来越强,好像没有他整个世界都要崩塌了一样。

所以我首先在认知上提醒小芳:"爱情虽然很美好,但它满足不了你所有的需要。如果你忽视去经营好事业、友情和兴趣爱好,唯一的情感来源就是对象,那你对他的依赖感肯定会越来越强,最后可能导致对方受不了提出分手。"让小芳意识到牛皮糖模式的危害性,增强她改变这种状态的动机。

接着我让小芳抽出 30% 到 40% 的时间,用来发展自己感兴趣或者觉得有价值的事。我这样引导她思考:"假如你没有谈恋爱,现在是单身状态。那么一个人的时候你会怎么安排时间?"小芳思考了一下告诉我:"我会把时间分成两个部分吧。一部分用来学习和提高,比如看看注册会计师的教材,准备考试。另一部分用来休息和娱乐,比如学习学累了,可以在周末好好睡一觉，或者约闺密出去逛街。这样的生活也蛮充实的。"

了解到小芳之前的规划，我再让她把这些安排到跟男朋友的相处中来。比如知道对象在外地学习，没有时间陪伴自己，那就切换到个人发展模式：翻书背几个会计和审计的知识点，到网校听老师讲几节课，或者跟厉害的同行前辈约饭交流，努力在独处的时候找到价值感、意义感。当一个人的状态下有自己的事情干，而且能够获得很大满足，小芳就不再总想黏着对象了。

当然，除了要有个人的生活，我们也不要忘记拓展情感支持的网络，寻找除了另一半之外的情感支点。一方面，我鼓励小芳恢复跟闺密的聚会，平时抽时间跟朋友们吃顿饭，好好聊一聊彼此的情况。当你除了恋人还有其他倾诉的对象，情感需要就不会完全寄托在对方身上了。另一方面，我也鼓励小芳去拓展获得情感滋养的方式。比如她喜欢到养老院做义工，为老人们服务；或者到博物馆做讲解员，在引导参观者的过程中收获快乐。我鼓励她多参加这样的活动，建立更广泛的支持系统。这样的话，对恋人的情感需要就被分担出去，缓解了过度依赖的状态。

∞

第二个做法，是建立情感账户的机制，有意识地限制自己对恋人的索取。刚开始咨询的时候，小芳会不断告诉我男朋友对她有多重要。当她工作上不顺利，心情跌入低谷时，只有男朋友过来鼓励她，帮她出主意，她才能够振作起来勇敢地面对困难；或者生活上特别需要另一半的关心，如果没有对象帮自己搬家、修有问题的马桶和下水管道，这些麻烦事她不知道如何一个人做好。这给我一种强烈的感觉就是，在男朋友面前，小芳好像不再是一个独立的、有自我照顾能力的女性，而像是一个脆弱的、总需要被照顾的小婴儿。

所以我首先在认知层面提醒小芳："如果你是 0 到 1 岁的孩子，相信你哇哇大哭的时候需要男朋友安抚，生活上的麻烦交给他处理，对方是绝对没有二话的。但现在你 20 多岁了，大事小事还都依赖男朋友的话，会不会让他产生不满，觉得有些事你可以自己去处理呢？"通过换位思考的方式，让小芳意识到建立一定的边界感是必要的，不能再继续这样情感上过度依赖和索取的牛皮糖模式。

然后我们再进行一个具体的操作，那就是跟恋人建立起情感账户的制度。你们定好每天有多少打电话、说甜言蜜语、让对象帮忙处理问题的账户余额。当这个数字被消耗完之后，不管内心再难过，再想要另一半安慰，都等明天情感账户上有了余额再说。

可能有些人很抵触这种模式，觉得："这样相处也太荒谬了吧，为什么我不能有了情绪就找男朋友倾诉？"因为情感账户的模式，就是让亲密关系有了清晰的规章制度，把你和对象的互动限制在某一个范围内。举个最简单的例子，当你知道每天能依赖他的时间只有雷打不动的两个小时，用完之后必须自己想办法解决问题，那你肯定会更加珍惜账户余额，从过度依赖变成适度的依赖。在这个过程中，我们也就从黏人的模式调整到合适的情感距离。

经过一段时间的练习，小芳给我反馈说："覃老师，一开始我特别不能接受你说的情感账户，觉得如果男朋友不能满足我的需要，那这个恋爱还谈来干什么。但现在才感觉，设置一个时间限度也不是坏事。现在我的情绪调节能力强多了，也没像以前那样事事都想依赖他，反而在心态上轻松了蛮多的。"可以看到，建立情感账户，给依赖时间设置一定量的数额，也会迫使你跟恋人保持一条健康的界线。

∞

第三个做法，是试着靠自己的力量解决问题，一点点培养"我能行"的信心。小芳之所以会过度依赖另一半，是因为她内心深处觉得自己太弱了。如果一个人去面对生活的风风雨雨，她一定承受不了，会被打垮的，所以就像牛皮糖紧紧黏着恋人，遇到困难希望有对象来分担，很害怕陷入孤零零的无助的状态。

我首先引导小芳去看到，她一个人的时候也能应对得很好，并不是没有独立解决问题的能力。比如说："小芳，你总说自己太弱了，必须依靠恋人才能支撑下去。那么我们现在列出五个遇到困难的时候，你凭借自己的力量处理好的经历。"经过探索之后我们才发现，原来小芳没有自己想象的那样做不好。比如之前要组织朋友出去玩，小芳在没有经验的情况下，也把旅游路线、机票住宿还有每日行程安排得不错，组织能力得到大家一致的表扬；以及刚到新的工作岗位，虽然没有男朋友指点迷津，小芳也很快跟同事打成一片，在复杂的办公室关系中站稳脚跟。当我们回顾了这些体现胜任力的事情，小芳内心"我不行"的声音慢慢消失了，对自己能力的认同感一点点在增加。

为了提高她的自信，我也让小芳不只看到自身的局限，还要把关注点放在积极的方面。比如可以写一个成功日记，每天记录三条凭借个人努力，最后获得成功的事情，带着满满的胜任感结束这一天。小芳告诉我："当我开始做这种记录，才发现原来自己没那么弱。我还是可以靠自己做到很多事情的。"就像太极图中阴和阳两个部分，自卑和自信也有此消彼长，相互转化的关系。当小芳不断去寻找证据，扩大象征着自信的阳的部分，"我不行"的低认同感就会一点点消解，降低对恋人过度依赖的状态。

当然，只是心态上的准备并不够。我们还要在现实中去实践，看看不依赖恋人是否能够支撑下去。我引导小芳思考："有哪些事情，是你觉得单靠自己不能做好，必须要有恋人在才能完成的？"结果小芳说到对未来职场的规划、对领导心理的分析，还有搬家处理大件行李等重活。我让她挑其中一样比较有挑战性的来处理，验证自己是否有能力处理好。比如未来的职业规划，小芳虽然没有太多经验，很迷茫，但她可以找身边资深的同行朋友交流。就算没有这样的资源，也可以到网络上查看调研结果、购买会计方向的职场课，或者付费向资深的人力专家请教。当小芳不靠恋人的帮助，通过自己的渠道和力量解决问题时，她对另一半的需要程度就减轻了不少。

总结一下摆脱牛皮糖模式的方法：一是经营好自己的生活，寻找其他情感需要的支点；二是建立情感账户制度，对自己的依赖需要进行限制；三是累积对个人能力的认同感，并在现实中验证"我能行"的感觉。当你做到这几点，过度依赖的状态也就会得到很大的好转了。

发现自我诉求：
寻找存在感，并不只有这一种方式

在亲密关系中，你是否被恋人抨击过"无理取闹，爱耍小性子"？总是跟对象索取很多很多爱的证明，他做不到就又哭又闹，把对象逼迫到崩溃的边缘；希望另一半对自己的激情永远跟热恋的时候一样，只要他表现有点冷淡了，你就会指责他跟从前不一样，无法接受感情慢慢变得平淡的事实；或者每次吵架不管道理在谁那一边，对象都要先过来道歉安慰你，不然这场没有硝烟的战争就会无休止地继续下去。

我的来访者糖糖曾经很苦恼地说："覃老师，我也知道跟男朋友作啊闹啊并不好，很影响两个人的关系。但我总控制不住自己这样做。你说我要怎么调整比较好？"她很想把无理取闹的沟通方式纠正过来。

在我这几年的心理咨询中，发现很多所谓作的来访者，其实是想在恋人面前找一种存在感。作只是一种比较强烈的表达方式，根本目的还是想让恋人看到自己深层次的心理需求，然后得到满足。当内在小孩真正被看到和安抚，也就不会再跟对象哭和闹了。

∞

那么，我们该如何发现自我诉求，然后用一种合适的方法表达出来？

第一个做法，是跟恋人商量一套固定的相处模式，慢慢建立起稳定的情感连接。很多喜欢跟对象作的来访者，我发现他们有一个共同的特征——那就是小时候父母没有一直在身边，或者经常更换城市和学校。因为遭受过严重的依恋创伤，所以他们总是要去试探对象是不是可靠的、会陪伴他们走下去的。只有另一半见识过他们又作又闹的糟糕的一方面，仍然没有离开，或者给到很多爱的证明，他们才会相信这段感情是牢固、会长久延续下去的。糖糖之前总是逼男朋友给承诺，就是要获得一个安全的依恋对象。

如果建立良好的依恋关系是你的诉求，那比起用破坏和伤害性的方式去试探，我们可以跟对象商量一个稳定的关于亲密关系的设置。比如说，每天晚上都让对象给你打一通晚安电话，以及可以抽出周六或者周日的一个时段来好好相处，一起去网红餐厅吃特色菜、看场最近上映的电影大作，或者窝在家里聊天。当你们有个相对稳定的时间交流和相处，那过去动荡的环境造成的不安全感会逐渐好转。你将开始意识到对象是稳定的依恋对象，不会突然离开你身边。

当然，你可能会说："怎么可能做到雷打不动地每天一个电话，周末一次聚会呢？"的确，百分百的稳定是不现实的。但是我们可以跟恋人商量一个相对稳定的频率，还有做不到之后及时安抚和补偿。假设你的对象工作比较忙，那是否可以每隔两天，比如每周二、四、六晚上睡前视频聊天十分钟？要是他当天有应酬或者在出差，也可以提前解释，第二天晚上好好地补偿回来。当你们建立一个稳定的相处模式，依恋创伤就会逐渐得到疗愈。

∞

第二个做法，是跟恋人建立一个看到彼此优点，相互肯定的沟通模式。很多人总希望恋人觉得自己是对的，即便犯了错也很抵触去承认错误，是因为他们内心有一个价值感很低，需要从恋人那里得到欣赏的小孩。糖糖就是这样的状态。从小她父母就对她很严格。考试得了100分不会被夸奖，但如果错了几道题就会被责骂和惩罚。她从父母眼里看到的不是可爱、值得被肯定的样子，而是一个非常糟糕的形象。所以为了不那么自卑地活着，她只能非常努力地去读书、工作，获得外界的肯定，同时也不愿去认错和说自己的不好，打击内心那个本来就低到尘埃里去的小孩。

所以，我引导糖糖觉察到她对肯定的心理需要，并让她把自己的正确打开方式告诉男朋友："亲爱的，你可能会觉得我是一个特别嘴硬，不愿意承认错误的很固执的人。这的确是事实，但也跟我以前总是被父母打击，很缺乏价值感有关系。如果我承认自己真的错了，那价值感就会更低了，让我觉得自己是一无是处的。所以希望以后你跟我沟通的时候，用比较积极、鼓励性的方式去说，这样我可能更能接受一些。"

我教给糖糖一些相处时她跟男朋友可以使用的句式，比如说："亲爱的，我觉得你已经做得足够好了。然后下次你怎么怎么样，我相信我们的沟通还会变得更好。"就是双方改变那种指责性的、说这里不好那里不行的说话方式，转而从怎样会更好的角度去沟通。这样的话，糖糖的自我价值感就不会感到威胁，更加能够听得进建议。

除此之外，我也让她和恋人聚焦在彼此的闪光点上，看到双方虽然还有提升空间，但都在不断调整自己的努力。这样也能创造一个提高价值感的环境，减少用作和闹来自我保护的情况。糖糖告诉我，她跟男朋友觉得当面夸对方有点肉麻，因此建立了一个走心的夸夸群。通过这样的方式，糖糖才意识到，原来男朋友是把她平时一点一滴的付出记在心里，很感谢她天冷时候织的围巾、加班时送的汤和饭菜。获得很多这样的肯定和欣赏，糖糖内心那个自卑的、总是被否定的结就一点点打开了，不再那么抵触去看到自己的问题。

∞

第三个做法，是调整自己的思维方式，用全面的眼光评价亲密关系。之前糖糖很强调男朋友回复的及时性。比如当她难过的时候，要求对象不管在忙什么，都能放下手头的工作来陪她安慰她。如果另一半实在脱不开身，她甚至会发好几天的脾气。糖糖有这样激烈的反应，是因为她从小就没有理想的照顾者。父母一直在外地打工，很少抽时间陪她、关心她的成长，情感需要这块一直是得不到满足的。她甚至跟我说："我觉得我爸妈根本不在乎我。哪怕某天我在外面出事了，估计他们也要过几周才知道。"因为太缺少被好好照顾和保护的感觉，所以糖糖对男朋友有没有及时出现特别敏感，内心的小孩很担心恋人跟父母一样，只顾自己工作，不会把她特别放在心里。

对于糖糖这种心态，我教她两个方法去调节：一个是综合考虑男朋友的表现，不要只看到他某次做得不好的地方。我这样去引导糖糖："我能够理解，当男朋友忙工作没有赶回你身边，你对他很失望，觉得他不在乎你的心情。那这次错误是否就可以给他打上'不值得信赖'的标签？还是如果综合去考虑他所有方面的表现，他其实还算是一个会照顾你感受的伴侣呢？"当糖糖想到平时男朋友会耐心安慰她，她不舒服的时候会立刻买药送过来的事情，那种"他根本不在乎我的感受"的心情就缓解很多，也减轻了对男朋友的不满和抱怨。

除此之外，我还让糖糖用加法的思维看待感情。当她很难过的时候，男朋友忙加班没有及时出现，这一点给重视程度扣十分。但我们也要给恋人加分的机会。比如他之后真诚地道了歉，花一周时间好好安抚你的情绪，这说明他内心是在乎你的，可以给重视程度加三分。恋人之后每天都记得打电话说晚安，不管再忙也会好好听你倾诉，这证明他愿意照顾你的情感需要，是个靠谱的、值得放心依赖的恋人。这也能给重视程度提高五分。当你学会对亲密关系做加法，引导对象平时多做增加好感度的行为，少碰那些扣分项，那么你们的关系也会往积极方向发展。不需要再用作和闹的方式被看到。

∞

总而言之，如果你习惯用闹脾气的方式让对象注意到你的情绪，可以用更合理的方法表达诉求。比如发现渴望稳定的依恋关系后，跟另一半商量稳定的相处时间；想在关系中保留良好的自我感觉，可以建立积极的、鼓励式的沟通氛围；要是想体验到被重视的感觉，不妨用全面的、加分的思维看待亲密关系。

122　**恋爱不累心**

Chapter 4

远距离恋爱：
提升安全感和幸福感

它不是让我们自欺欺人，假装痛苦不存在。而是用积极的心态去面对困难，从挑战中获得最大限度的成长。

异地创伤：
如何缓解看不见恋人的痛苦？

异地恋非常痛苦的一点，是想他的时候他不在身边，内心非常抑郁和痛苦。也许你有过这样的经历：因为上学、工作、疫情等因素影响，长期看不到对象，难受得快要撑不下去了。

如果你有这样的困扰，可以尝试"安全之地（safe place）"技术，在脑海里构想一个温暖、放松的"避风港"，从现实的打击中缓解过来；采用积极的自我对话，安抚内在脆弱、崩溃的小孩，逐渐恢复理性的成年人状态；建立一个"情绪缓冲带"，比如摆放对象送的娃娃、让对象云陪伴，以及寻求其他人的支持，慢慢安抚异地的伤痛。

下面我们通过一个具体案例，看看异地创伤如何缓解。

小葵刚开始还想，我再忍忍吧。后来她发现，异地创伤真的太难熬，她快坚持不下去了。

异地创伤：分隔两地的孤独和痛苦

"大明，我好难受，我快撑不下去了……"小葵看着视频里男朋友的脸，呜呜地哭起来。

整整72天了。

她回家看不见那个熟悉的身影。听他用低沉嗓音喊她"亲爱的"，把她搂进温暖的怀里。

小葵的失眠也越来越严重。她昨晚只睡了三小时。

每天晚上，她满脑子都在想大明。有时想到他教她做菜的画面，大明会提醒她："牛肉要看纹路，斜45度角切。"当她被油烫伤，大明会给她上药，教她不被油溅到的方法："以后你热锅冷油，用小火翻炒，这样就不会被烫到了。"

而现在，这个家里空空荡荡的，只剩她自己了，也没人会在周末跟她一起买菜做饭了。小葵想着想着，感觉脑子快要爆掉，才迷迷糊糊地睡过去。

小葵觉得，她的心里越来越空，完全提不起心思干别的。她满脑子在想，武汉怎么还没解封。男朋友到底什么时候才从老家出来，回北京跟她团聚。

掰着指头数日子，小葵有时候感觉很绝望，会哭到喘不上气来，胸口像针刺一样疼。

她带着哭腔问大明："亲爱的，我好想你。你什么时候能回来陪我?"

大明带着歉意说:"对不起宝贝。武汉 4 月 8 号才解封。回北京前还要抢票、做检测、统一隔离,估计 4 月底我们才能团聚。"

"可我快要坚持不下去了……"小葵感觉已经到了崩溃的边缘。

深陷在绝望、痛苦、无助的泥沼,小葵突然意识到,这一次,她可能没法靠自己的力量挣脱出来了。所以,她决定寻求专业人士的帮助。

小葵找到了我。她想通过心理咨询,让这种糟糕的状态得到调整。

∞
安全之地:想象一个让你放松的场景

在小葵的首次咨询中,我已经觉察到:分隔两地带给她的痛苦太强烈了。她现在就像一个摇摇欲坠的瓶子,随时可能摔下来,变成一地碎片。

所以,我首先使用"安全之地"技术,帮助她稳定情绪,达到放松、舒缓、恢复力量的效果。

这个技术的原理是这样:在脑海中想象一个温暖、令自己放松的地方。当你感觉悲伤或痛苦,就让自己回到这个"安全之地"(Shapiro & Forrest, 2016)[1]。

想象那些熟悉而令人安心的声音、气味、情景和触感包裹住你，形成一个防护罩。它把翻涌的负面情绪挡在"门外"，让你的状态能稳定下来。

而使用这个技术的第一步，是去创造"安全之地"。

我这样跟小葵说："请你采取一个舒服的姿势，闭上眼。深深地吸气、呼气。让你紧绷的身体、情绪慢慢放松。"

等她进入状态，我接着说："现在，想象一个让你觉得舒服、情绪放松的地方。它可以是真实的，也可以是虚拟的。然后打开感知觉，注意你看到、嗅到、听到、感觉到什么。"

五分钟之后，小葵好像没那么紧绷了。她告诉我："覃老师，我好像回到老小区的操场上。小区里种了几棵桂花树。靠近时能闻到浓浓的花香，一下子就让我的心情好很多。"

她说到这里，有点怀念和感慨："操场上蛮热闹的。几个小伙伴在玩跳房子，又笑又闹的。大人们坐在旁边打牌、唠嗑。这个画面让我觉得很踏实，心情也放松一些。"

当小葵把"安全之地"创造出来，接下来，我又教她如何形成"防护罩"，以此抵御被迫跟大明分隔两地的孤独、痛苦和被抛弃感。

这就是第二步——给"安全之地"设置**锚点**（anchor）。让你在负面情绪来袭时，随时能回到这个"安全之地"里避险。

我对小葵说："你创造的这个地方，非常安全和稳固。没有你的允许，谁都无法进入这里。包括异地恋带来的痛苦、悲伤、无助等负面情绪，也不能闯进来打扰你。"

等她消化了这句话，我接着说："现在，请你给这个'安全之地'创造一个开启方式，比如咒语、手势或者通道。方便你随时能进来和出去。"

小葵思考了一会儿，有些不好意思地问我："覃老师，我想不到别的了。可以默念'芝麻开门'，然后进入这个'安全之地'吗？"

我说当然可以。然后让小葵每天坚持这个"安全之地"的练习——当她想到大明不在身边，非常痛苦、崩溃时，就默念"芝麻开门"进入记忆中的旧小区。

去闻一闻令人放松的桂花香，或者跟当年的小伙伴一起嬉戏打闹。慢慢找回那种放松、安心的感觉，在"安全之地"中汲取力量去面对负面情绪。

∞
自我对话：疗愈哭泣的内在小孩

一周之后，小葵再次过来咨询。她笑着说："覃老师，我感觉情绪状态好多了。不会一回家就瘫在床上，想到大明没在就很崩溃。"

说完这句话，她好像想到什么不好的事，叹了口气说：

"但现在好像出现另一个问题——我会感觉很焦虑,也会开始胡思乱想。比如大明对我没感觉了,要跟我分手怎么办?"

她开始变得患得患失,除了催大明赶紧抢票做检测、抓紧时间回北京,还不停追问他:"大明,你还爱我吗?""亲爱的,你发誓还对我有感情,会一直陪我走下去好不好?"

在小葵的描述中,我感觉她好像变成一个恐慌的孩子,很害怕照顾者不爱她,很快就要将她抛弃。所以一遍遍地要承诺,通过言语上的安抚来填满内心的空洞。

更让人担心的是,分离创伤让她内心破了一个口子。大明给她再多的情感支持,也只能维持一小会儿。这个"口子"很快又会把水漏完,得源源不断地向大明索取。

当大明在忙别的,无法及时出现,小葵感觉"自己像掉进黑暗的深渊,非常崩溃、痛苦"。

我觉察到小葵强烈的不安、被抛弃感,以及非常空洞的内心状态,这样反馈:

"听起来,你非常焦虑、不安,害怕这段亲密关系会破碎。你变得有些像个孩子,希望对象是那个无微不至、为你而在的照顾者。

"你期待他说很多承诺和情话让你安心,把你内在破开的口子填补上。这就像你跟我的关系。你似乎把我当成大明不在时替代的照顾者,让我给你很多建议和方法,让你能够有所依赖、有所寄托对吗？"

听到我这样说，小葵似乎有些愣住了，然后一副若有所思的样子。

我进一步启发她，让她感受和理解自己的内在小孩：

"我猜，在你过去的关系里，也有很多因为一些人的不在场带给你的不安全感。

"或许照顾你的人没那么注意，在你很痛苦、无助的时候，没有及时出现安抚你，帮助你消化这些负面情绪。这让你感觉被抛弃，就像一个人被丢在黑暗的深渊里对吗？"

当我触摸到藏得很深的情感和记忆，并且用语言表达出来，她的眼眶一下子湿润了。

小葵哽咽地说："是的，覃老师，就像你说的那样。其实不只是现在，我从小就很担心父母不要我，然后我就一个人孤零零地活着。我真的很害怕很害怕。"

在她的讲述中，我慢慢拼凑出一个孤独、经常被抛下的孩子的童年。

小葵的声音很低很低："我爸妈工作都很忙。我爸在外地做生意，一年见不了几次面。平时就是我跟妈妈相依为命，两个人在家。

"我从小就跟我爸不亲，话也说不了几句。他偶尔回来，我觉得家里像是多了个陌生的叔叔，反而很不适应。"

听到她跟爸爸的关系，我的心里很难过和沉重。

沉默了一会儿，小葵提到更糟糕的状态。上小学时，妈妈的单位开始要求值夜班。

这就意味着，哄完小葵睡觉后，妈妈要赶去单位工作，只留她一个人在家里。

小葵的情绪突然很崩溃："你不知道这样的日子多可怕。我经常半夜醒过来，发现妈妈不在了，家里只剩我一个人。我担心有坏人闯进来，或者有鬼从衣柜里爬出来。躲在被窝里怕得要死，有时天快亮了才困得睡过去。"

当她陷入极度恐慌，怕得瑟瑟发抖的时候，并没有一个理解和安抚她的妈妈出现。

这样的经历重复了一遍又一遍，小葵内在那个稳定、可信赖的照顾者形象慢慢被冲垮了。她不敢相信自己有需要的时候，对方真的会在那里，给自己提供安慰和支持。

早年被抛下的情感创伤，在疫情导致的异地恋中被激活了。

当大明在武汉隔离，没办法及时赶回来陪伴时，她再次体验到小时候被妈妈抛下、负面情绪将她淹没的痛苦。所以小葵不断地问大明"你还爱不爱我""你会不会再也不回来了"，通过另一半的承诺，让内心那个惊恐的小女孩得到安抚。

看到小葵的内在小孩在哭泣，我把她引导回此时此地，从过去的依恋创伤中挣脱出来。

首先在她非常焦虑、不断让男朋友早点回来时,我这样提醒她:

"看起来,你的情绪非常急躁和痛苦。好像大明再不回来,你就难受得无法坚持了。

"如果在这样的情绪中多待一会儿,觉察一下自己的状态,你觉得现在这个被负面情绪淹没的你是几岁?"

小葵想了一会儿,告诉我:"好像很小很小,五六岁的样子吧。"

通过这个方法,她慢慢意识到占主导的,是从前那个怯弱的小女孩,而非理智的成年人。

小葵觉察到心智在退化后,我再让她使用积极的自我对话技术,恢复成熟、独立、能自我满足的状态,缓解异地恋带来的脆弱和痛苦。

这个技术的原理是这样:

当你脑海中冒出负面的声音时,告诉自己"停止",然后从积极的角度跟自己对话。

需要注意的是,积极的自我对话并不是让你自我欺骗,而是反驳脑海里那些走极端、片面的不合理想法,**"谨慎地保持乐观"**(Joseph,2010)[2]。

我这样跟小葵说:

"听起来,你会冒出'他怎么还不回来,是不是变心了,不爱我了'的想法对吗?那你是否可以编辑一段积极的、基于现实的话术,取代内心这个消极的声音?

"比如告诉自己'大明是爱我的。虽然那么久没回来,但是他一直跟我视频、鼓励我振作起来。现在,他也开始走回京的流程了。这些都是他对我感情的表示啊'。"

练习了一遍又一遍后,小葵慢慢学会积极地自我对话,把脑海里消极的声音调过来。

原来她经常想:"没有大明的陪伴,我很崩溃,不知道还能支撑多久。"

现在她能从积极的角度思考:"虽然我跟大明还不能团聚,但只要我有需要,他可以一直开视频陪我,24小时的云陪伴也很香不是吗?而且顺利的话,过几天他就能回北京。离我们见面的日子也没多久了,再坚持坚持就好。"

我让小葵平时也做这些练习。当她非常恐慌、担心要被男朋友抛弃时,就问一下自己:"现在这个状态的我是几岁?"觉察那个哭泣的内在小孩。脑海里冒出很多消极念头时,也用积极的自我对话去修正,恢复成年人理性的状态。

经过接近一周的练习,小葵那种小孩子般崩溃、痛苦的感觉得到了缓解。

缓解痛苦：设置异地创伤的缓冲带

到了第三周，小葵很兴奋地告诉我："覃老师，我感觉这两周状态好些了。大明也抢到票，很快就要回北京了。"

"不过，"她叹了口气，"大明要去宾馆统一隔离，所以得再等半个月。他不在的这段时间，我一个人还是好孤独啊。"

为了缓解小葵的痛苦，我把温尼科特（Winnicott，2014）[3]的**"过渡性空间（transitional space）"**介绍给她。简单来说，就是建立一个情绪缓冲带。让她在这个中间地带感受支持和陪伴，缓解对象不在身边时的孤独感。我这样跟她说：

"小葵，你的男朋友不在身边时，我们可以创造一个有情绪支持作用的替代空间。

"举例来说，你小时候妈妈不在，必须一个人睡，非常害怕时，被窝就是一个过渡性空间。你待在里面，会多一点安全感。或者我们的咨询也是过渡性空间，让你的焦虑、痛苦、害怕等负面情绪得到安置。"

当小葵理解过渡性空间的概念和作用后，我也跟她一起寻找日常生活中的过渡性空间。

小葵想了想，突然问我："欸，如果男朋友开着视频陪我聊天、逗我开心，这个算是有安抚作用的过渡性空间吗？"

Chapter 4　远距离恋爱：提升安全感和幸福感

我跟她说当然算。然后小葵的思路越来越活跃了：

"还可以把我们的合照印出来，贴在房间里。然后把他送我的小熊玩具都摆在床上。

"想他他又不得空的时候，拿之前录的他的视频来放。这些都会让我觉得，他是跟我在一起的，他很快就要回来了。"

小葵还提到其他的过渡性空间——比如打开一部韩国综艺，听着 MC 们又笑又闹，非常欢快的状态，这也让她感觉没那么孤独和抑郁。

说着说着，小葵脸上又露出笑容，不再像刚开始那样叹气、无奈了。

接下来的几周，通过创造过渡性空间，她很好地应对大明处于隔离期、不能回来的状态，分离创伤得到一定程度的缓解。

就这样，小葵稳定住情绪。她也终于等回结束隔离、快 100 天没见面的男朋友大明，给这段异地恋画上圆满的句号。

后来她发邮件跟我说："谢谢你，覃老师。如果没有你的支持和帮助，我都不知道这段时间要怎么办。现在大明回来了，一切都在往好的方面发展，不用担心我。"

看到小葵的异地创伤慢慢疗愈，字里行间洋溢着幸福，我也由衷地为她感到高兴。

小结：如何缓解分隔两地的痛苦？

总结一下，如果出于疫情、学习和工作调动等原因，你跟对象分隔两地，情绪很低落和痛苦，我给你提供以下几个调整方法：

一是"安全之地"技术。

在脑海里想象一个温暖、舒适、让你放松的地方。可以按你的需求去安排其中的声音、气味、场景、触觉等细节，营造一个只有你能进出、把负面情绪挡在外面的"安全基地"。

当异地导致的孤独、无助、痛苦来袭时，让自己进入这个"安全之地"避险，从中汲取力量和营养，将创伤带来的痛苦体验慢慢降下去。

二是把自己拉回此时此地，从过去的分离创伤中抽离出来。

你可以问自己："现在这个抑郁、难受、崩溃的我是几岁？"帮助自己觉察那个哭泣的内在小孩，以及因为太痛苦而"退化"的心智。

当你对于内在的分离创伤有所觉察，意识到过去被辜负、抛弃的经历的影响，就可以通过积极的自我对话，慢慢恢复成年人的状态和功能。

比如过滤掉走极端、以偏概全的负面声音，从基于事实的乐观态度去看问题，用积极的话术替代那些悲观、消极的自动思维。

三是给自己创造有安抚作用的过渡性空间。

比如对象打开视频、云陪伴自己；将两个人的合照贴在房间；在对方不方便陪伴时，播放从前甜蜜的视频、热闹的综艺，或者向自己信任的朋友、家人寻求支持。

当你发掘出在恋人之外，其他支撑你的人或事时，分离创伤就会有一个缓冲带，让你更好地应对异地恋的孤独和痛苦。

孤独之苦：
我需要你的时候，你不在怎么办？

远距离的恋爱，最痛苦的是孤独。可能你经历过这样的时刻：别人家的情侣甜甜蜜蜜，你只有一个人，好像谈了场假的恋爱；生病或者不舒服的时候，什么事都要自己解决，没有可以依靠的肩膀；回到家冷冷清清，没有可以说话的人，遇到困难也只能自己扛……

如果这些问题困扰着你，可以尝试这些方法：增加线下见面的频率，从云恋人到摸得着的彼此；让对象确保"可即性"，你知道他在那里，需要的时候找得到人；换一种积极视角，把孤独变成丰盛的旅程。

方法讲得有点抽象，我们用一个案例来辅助理解。

桃子原本以为，她不害怕孤独这颗子弹。但被击中的时候，她才知道自己有多脆弱。

触不到的恋人：难以忍耐的孤独感

"对不起，您拨打的用户正忙，请稍后再拨……"被小俊摁掉十多次电话，桃子再也忍不住，眼泪哗啦啦地掉下来。

情人节的火锅店，气氛如此热闹而温馨。

桃子看见左边的女生，餐桌上放着一捧红玫瑰。而她的对象，给她涮好肉、吹掉热气，一脸宠溺地喂给她吃。那个男生眼里浓浓的爱意，刺眼得就像一道强光。

桃子挪开视线。她心里仿佛堵了一块石头，重得喘不过气来。

她跟小俊在一起三年了。但是他们一毕业就异地，她独自过了两个情人节。

桃子不是不理解小俊。他家境一般，只有去大城市打拼赚钱，他们才能看到未来的可能。

但是这两年，她快要被孤独和寂寞给折磨疯了。

她越来越不敢跟闺密一起上街。那几个女人，对象都在身边。她们会让男朋友拎包，一身轻松地买买买，走路走累了，还可以跟对象撒娇："老公，你背我走吧。"而她呢，无比尴尬。虽然名义上有对象，但是形单影只，不得不落寞地看着朋友们撒狗粮。

异地恋的孤独还不止这些。桃子觉得她不知道跟谁分享自己的生活。

被领导骂哭了，回到家想要一个拥抱，但打开门只看见冰冷的白色墙壁。做成一个新项目，想吃顿大餐庆祝一下，但想到小俊不能回来陪自己，就意兴阑珊了。

小俊太忙了。他平时要陪客户，很多应酬。甲方有什么情况，也要尽快处理。

桃子记得，有一次，她工作压力大到快崩溃了，在电话里跟小俊哭诉。但是客户一个电话过来，小俊就急忙说："桃子，我这边有紧急情况，先挂了啊。你不要再伤心了。"把她一个人丢在绝望而无助的情绪里。

更不用说平时找不到人了。小俊的公司经常开会，碰到工作忙的时候，桃子的电话百分百会被摁掉。她最委屈的是去年她发高烧，烧得迷迷糊糊的，下意识地给小俊打求助电话。

但怎么打也打不通。最后只能跟闺密说，让她和男朋友带自己去医院看病。

闺密抱怨说："你这谈的是什么恋爱啊。需要的时候，人都不在身边。"当时她替小俊辩解、说好话，这些不看好的声音根本没往心里去。

可是孤独太久了，不满和委屈也太多了。

坐在热闹的火锅店里，她却寂寞得像在一个人的深渊。

桃子越来越动摇了："这样一个摸不着、找不到的对象，值得吗？我还要不要继续下去？"

在分手和继续的十字路口，桃子特别纠结。她舍不得这段三年的感情，但是也不想再这样煎熬下去。所以她找到我，希望通过心理咨询梳理一下内心，做出妥当的决定。

增加线下见面：从云恋人到摸得到的彼此

在桃子的第一次咨询中，我听她说了很多跟小俊的相处。比如虽然只有几小时高铁的距离，但他们可能三个月也见不上一面。因为小俊太忙了，时间经常不够用。

尽管嘴上说着为未来打拼、将来要团聚，但两个人很少讨论在哪个地方发展。未来就像一朵云，很飘忽不定的感觉。

我在这里停下来，把观察和想法反馈给桃子："听起来，你们的感情就像在虚拟世界里，有种不实在的感觉对吗？我听着有点隐隐的担心。似乎你们都在靠手机保持联系，没有太多现实的相处。或许你也感觉这段感情有些虚、有些顾虑？"

桃子拼命地点头："是的，覃老师，就像你说的这种感觉。有时候，我感觉自己就像谈了一场云恋爱，不知道这三年的感情是真是假。"

当我看到桃子的纠结，告诉她这样一个情况：异地恋必然是孤独、艰难的过程。如果想好好走下去，那平时多一些线下的联系，并且制订计划、早日结束异地恋非常有必要。不然这段感情会让人觉得很虚、没有安全感，甚至大概率会吵架，甚至分手。

桃子有些急了。她问我:"覃老师,那这种情况,我们应该如何调整呢?"

我跟她探讨:既然只有三小时车程,是否每个月共度一个周末?如果小俊的时间很紧张,那是否可以跟公司申请调休,或者等劳动节、国庆节这样的假期一起去旅游?

总而言之,可以设定一个见面的周期,比如隔多少天见一次。具体的形式,则可以灵活地变动。比如让小俊回来,或者桃子过去。双休、调休、节假日都可以利用起来。形式上,逛街、看电影、到外地逛逛都可以灵活安排。

核心是一定要有稳定的线下见面。

从**依恋理论**(Bowlby & Ainsworth, 2013; Buchanan, 2017)来说,只有打破分离的状态、跟对象保持稳定见面,你才能够在内心建立"安全基地(secure base)"——相信他是爱你、不会放弃这段关系的,在需要时会给你温暖的拥抱。得到这样一个心灵寄托,异地恋的孤独和痛苦才会没那么难熬。

桃子听到我说的话,有点皱眉头:"覃老师,这个设想很好。但是如果小俊不愿意线下见面,我该怎么办?之前也不是没跟他提过。他要不说忙,要不说多视频就行,好像不大乐意这样做啊。"

听到桃子的抱怨,我隐隐觉察到她的委屈、不敢提要求的心态，所以在这里给她反馈："听起来，我能隐约感到你的为难、担心。好像你有些回避提要求，不大想勉强小俊做一件他可能会觉得麻烦，但对你有帮助的事情对吗？你愿意多说一些吗？"

桃子的眼眶一下子红了。她告诉我，她从小就是害怕麻烦别人的人。因为以前在外公外婆家住，他们两个都是脾气不大好、对她的要求不耐烦的长辈。

如果桃子很想吃粉蒸肉，闹着让外婆给她做，外婆就会指责她："你这个烦人鬼。有的吃就不错了，闹什么闹。"

被拒绝和批评得多了，桃子也就不大敢提要求了。外婆的话就像咒语，把烦人鬼的标签打进她的心里。她生怕给别人添麻烦，有什么问题都想尽己所能去处理。只有实在撑不下去了，才会跟最信任的人提要求。

听到这里，我对桃子的关系模式做了一个诠释，帮助她破解"烦人鬼"的人设："你这样说的时候，我很为你的遭遇难过。你在说着，你习惯了需求被外婆打回来，而且贴上一个烦人的标签。所以在往后的日子里，你下意识地觉得提要求是不好的、会被拒绝的，也不敢跟男朋友说你的想法对吗？"

我跟她分析，在害怕麻烦小俊的背后，其实隐藏着"**投射（projection）**"**的心理现象**（Ursano, Sonnenberg & Lazar, 2008）。[3] 因为桃子认为"我的要求很过分，不会被答应"，所以她推己及人，猜测小俊有同样的想法——觉得她很"事儿精",拒绝满足她的需要。

不敢提要求的心态,可能来源于小时候被外婆讨厌的经历、内在"我不值得"的认同,而不是小俊真的在嫌弃她。

过了很久,桃子才开口说:"我以前从来没有意识到,我那么害怕被人烦、被人拒绝,内心有那么多'我不值得被在乎'的声音。今天听你这样说,我才稍微有些感觉。"

所以在接下来的几周里,我们一直在探讨、改变这种关系模式。桃子意识到,她可以把对咨询的需求和期待告诉我,我们一起去实现。如果做不到,我也不会嫌她事情太多,而是探讨我可以做到哪里,咨询能带给她什么。

获得了这样全新的、不被厌烦的体验,慢慢地,桃子也敢于跟男朋友开口,提出要线下见面,跟对象一起克服这个过程中的问题,从云陪伴到看得见摸得着的相处。

∞

可即性(availability):让我知道你在那里

桃子抱怨的另一个点,在于小俊总是很忙,她感觉孤独的时候找不到人。

她叹了一口气,跟我说:"覃老师,您知道吗?我最难过的地方,就是电话总是被他摁掉。对,我知道你很忙,你要去接待客户跟客户应酬,这样才能拿单子拿提成。"

"但是,"她的情绪一下子崩溃了,哭出来,"有时候我真的好想你，好想跟你说说话，听你安慰我啊。闺密都说我是独立的女人，但如果不是男友不在身边、帮不上忙，哪个女人又想一个人去扛下所有呢？"

桃子哭得稀里哗啦的。她把异地恋的孤独和心酸，以及对小俊的不满，通通发泄出来。

这个时候我才觉察到，可即性的缺失，是他们亲密关系中的一大痛点。

什么是可即性？用简单的话来说，是这个资源就在手边（Hart & Morris, 2006）。[4] 当我有需要时，很快便能获得。用大白话来讲，就是"得空"，或者说"及时雨"。

小俊为什么让桃子委屈？一个原因，就是他正站在可即性的反面——充满了不确定性、不可预测性。结果桃子很容易扑空，在她需要的时候找不到人，感觉非常孤独。

落空的次数多了，桃子也开始怀疑小俊变冷淡了，这段异地恋很难再坚持下去。

根据他们俩的情况，我跟桃子讨论增加可即性的方法——让小俊看一下自己的时间表，找到一个每天他肯定方便、能够回电话的时间段。如果开始工作以后，他就忙得停不下来，那能不能等早上8点半，他洗漱完、赶去地铁站的时间聊一聊？

中午再忙，12点半吃完饭，大家聊十分钟也没问题吧？或者应酬回来、准备洗洗睡了，抽十分钟打个晚安电话也是好的。

总而言之，在时间表上标一个固定的时间，比如十分钟二十分钟，然后在这个时段里保证自己的可即性。让桃子想念男朋友、需要聊一聊的时候，能够找得到人。当她找得到人的次数多了，内心也就慢慢建立起确定感、安全感，不会再觉得自己谈了一场独角戏的恋爱。

桃子点了点头，表示这个方法会去尝试一下。但她有些犹豫地问我："覃老师，这样做真的管用吗？这样做应该会蛮累的。我不知道他会不会愿意，或者说不知道怎么说服他。"

感觉到桃子内心的顾虑，我这样给她反馈："听起来，你很怀疑和担心啊。不知道这样做有多大意义，也害怕对象无法每天坚持，这个尝试很快不了了之，让你失望和挫败对吗？"

桃子拼命地点头。

于是我告诉她这样做的意义："稳定就是安全感啊。如果你知道每天在某个固定时间，小俊会在那里等候你，跟你聊天，你是不是就没那么担心他失联，内心孤独又患得患失呢？"

桃子一副若有所思的样子。看到她有所触动，我接着说："只有稳定久了，你心里才会形成'他值得信赖，会为我在那里'的形象。潜意识里觉得他与你同在，没那么寂寞和难过对吗？为了这个效果，难道不值得他像对待大客户一样，用心维系这段感情吗？"

听到我这样说，桃子表示她明白了，并且开始跟小俊商量,如何执行这个可即性的练习。

在这个过程中,我也告诉桃子很多建立新习惯要注意的地方。

比如要多给小俊正反馈。肯定他抽出时间、陪伴她的尝试;经常问问他生活如何,工作是否遇到一些烦恼,让小俊感受到女朋友的关心和情感支持。

简而言之,就是让这十分钟变成乐趣,而不仅仅是强制性的任务。

就这样过了三周,桃子开心地告诉我:"覃老师,这个方法蛮管用的。我们约定每天晚上10点半打电话,小俊也基本都做到了。我发现,我越来越期待每晚这十分钟。虽然只是聊些生活琐事,但也觉得很温暖,他是关心和在乎我的。"

"还是有一些不足吧,"桃子话锋一转,皱了皱眉头,"虽然他每周有五天能按时打电话,但是遇到他有应酬,或者要赶某个项目的时候,可能就忙到顾不上了。所以有时还蛮失落的。"

看到桃子有些苦恼的样子,我首先肯定他们这几周取得的成果:"我觉得你跟小俊都很棒对吗?他能把每天十分钟的计划坚持下来,让你多了些安全感;你的话,也能给他支持和理解,让他更有动力做这件事,你们都很用心、付出了很多。"

从积极的角度出发,帮助桃子恢复信心后,我接着说:"我也理解,人不是机器,总会有些疏忽和做得不够好的地方。

我们是否可以在稳定的同时，增加一些灵活性呢？"

比如小俊有时候要开会，或者出去应酬得很晚，预期到10点半可能来不及打电话，那是否可以把自己的时间表同步给桃子？或者发消息，告诉桃子他可能会应酬到超过10点半。让桃子先休息，大家明天早上或者中午吃饭的时候，再把今晚的时间给补回来。

简而言之，就是遇到例外情况，可以把自己的日程表同步给对象。让他知道你这段时间在哪里，在干吗，什么时候才会有空，提前对这些例外情况做好安排。这样一来，桃子就会知道："哦，他今天要去陪客户吃饭，可能会忙到11点，要晚些我才能联系到他。"从而心里更加踏实和笃定，不会重复那种电话打不通，非常孤独和难过的情况。

当他们有了稳定的云相处安排，每天固定时间打电话，以及遇到例外情况时，小俊提前跟桃子说、做好安排，桃子内心慢慢形成"他会在那里"的感觉，孤独和失落有所缓解。

∞

正向思考（positive thinking）：让孤独变成丰盛

经过两个多月的心理咨询，桃子跟小俊的关系改善不少。她的内心越来越坚定，对这段异地恋也有走下去的信心。

她很开心地告诉我："覃老师，我跟小俊现在挺好的了。他告诉我，他再攒两年的工作经验，跳回来做个主管问题不大。

到时候，我们凑凑首付，一起还月供，未来还是有奔头的。"

"他现在也很在乎我的感受，"桃子笑着说，"我们每天固定打电话，每个月能见一次，有什么例外情况也会及时协调。感觉亲密了很多，不像以前那么孤独了。"

"一切都走上正轨，我也没什么好抱怨的了，"桃子沉默一会儿，突然叹了口气，"但是，异地恋就是异地恋啊。就算每天打电话，回到家也是冷冷清清的一个人。每个月能见面，也比不上朝夕相处、周六周日一起躺沙发上看电影。"

她自嘲地笑了一下："而且，对几个闺密也还是羡慕嫉妒恨。结婚的结婚，没结的，这两年也快了。可我还过着单身狗一样的生活，得再熬两年，真是虐啊。"

桃子不后悔选择异地恋这条路。但她也不得不面对更加孤独、心酸、充满压力的旅途。

虽然学会很多缓解寂寞的方法，但她仍然渴望走得更加轻松。她抱着期待问我："覃老师，除了你提到的几点，还有没有什么别的方法，让我们这两年过得没那么辛苦？"

我不得不打破她的幻想："桃子，我不是小叮当，能从万能口袋里拿出完美解决问题的方案。在你做这个决定时，就已经意识到它会很难不是吗？"

桃子点点头，表示她非常理解。我思考了一会儿，告诉她："虽然异地恋这趟旅程更孤独和痛苦，但我们是否可以转变角度，把它变成一个自我提升的机会？"

这其实是一种积极心理学的方法，叫作正向思考。它不是让我们自欺欺人，假装痛苦不存在。而是用积极的心态去面对困难，从挑战中获得**最大限度的成长**（Compton & Hoffman, 2019;[5] Peterson, 2006）。[6]

我对桃子说，你现在是高级专员。那能否趁小俊不在身边、自己业余时间比较多的状态，多看几本专业书、上一些有口碑的培训班，把 title（头衔，职称）从专员升到主管？

就算工作没突破，也可以琢磨适合自己的副业。比如学做视频剪辑、运营个人视频号，让职场竞争力、储蓄金额都上升一个台阶。如果真做出成绩，两个人的未来也会更轻松。

除了更大的成长和发展空间，异地恋也能锤炼个人品质，像自控力、对时间的规划性，以及冲突解决能力。这些是不管迁移到哪个领域，都能给人加分的"技能树"和"软实力"。

听了我说的话，桃子长舒一口气："我懂了。就像你说的，如果孤独不可避免，那就想办法升华它，让它变成我们锻炼自己的机会对吧？"

带着"升华"意识，桃子慢慢走出咨询室。虽然她和小俊都还在路上，不能确保异地恋一定能修成正果，但她已经学会跟孤独感相处，也试着让自己的生命更加丰富和充盈。

我很看好和祝福他们的未来。

小结：异地恋的孤独感如何排解？

如果你跟对象异地恋，经常感觉孤独和寂寞，可以尝试以下几个方法：

首先是增加线下见面的频率，制订计划早日结束异地恋。

核心是设定一个见面的周期，比如每个月见一次面。可以利用双休日、调休、节假日，逛街吃饭、一起去旅游等形式也都安排上。记住：有看得见、碰得着的陪伴，会没那么孤独。

其次是增加可即性。有稳定的云相处时间，以及对例外情况的安排。

你跟恋人可以核对日程表，安排一个双方都有空的时间，每天打个十分钟的电话。如果临时有什么事情，两个人都要及时通知对方。让另一个人知道自己在干吗，什么时候才有空。

通过稳定的时间安排，你慢慢获得一种"他会在那里"的感觉。内心形成陪伴者的形象，寂寞的情绪有所缓解。

最后可以换一个视角看异地恋，把不可避免的孤独当作锻炼机会。

比如它会带来个人发展的时间。你可以用来看书充电，争取升职加薪；也能锻炼自控力、时间管理能力，以及应对矛盾、冲突的技巧，让"软实力"不断得到提高。

祝愿异地的你们，都能把孤独升华为成长的旅程。

Chapter 5

度过磨合期：
让爱情的小船平稳前行

祝你能拥有一段安心不累心的恋爱。

烦躁情绪：
关系瓶颈，天天想吵架怎么办？

关系进入到某个阶段，你可能会有强烈的烦躁感——你渴望浪漫，对象不想"整这些有的没的"，你委屈得跟他大吵一架；你希望他多些安慰和体贴，他塞给你一堆分析和大道理，结果你气得说不出话来；你数落他这里没做好那里有问题，他就像没事人一样打游戏，你恨不得冲他大吼大叫……

如果你陷入关系瓶颈，天天想吵架，可以尝试以下几个方法：找到**"情绪扳机点（emotional trigger）"**，把对象让你不舒服的说话、做事方式记下来；采取"同调技术"，搭建跟对象的沟通桥梁；营造**"促进性环境（facilitating environment）"**，学习让对象能听得进去的话术和方式。

下面结合小梦的案例，跟大家聊一聊具体怎么做。

小梦有些不明白，原来她那么满意的对象，为什么现在越看越不顺眼,恨不得天天吵架。

亲密战争:越来越多的矛盾和争吵

"覃老师,现在我跟老胡相处起来很烦躁。说不了几句就会吵架,你说我该怎么办?"小梦很苦恼地提问。

小梦跟老胡在一起三年了。一开始,她看中老胡的老实、体贴、不会在外面撩别的妹子,这让她很有安全感,觉得老胡是适合结婚过日子的人。

但是当他们开始同居,像小夫妻那样生活的时候,关系好像掉进一个不断争吵的循环中:

小梦是一个喜欢浪漫的人,希望另一半给她很多小惊喜。但是老胡越来越不在乎这些,觉得两个人踏实过日子就行,不愿"整这些有的没的"。

记得恋爱三周年纪念日,小梦兴冲冲地拉上老胡,想去一家网红餐厅吃烛光晚餐。

但是老胡拒绝了:"我这边有个项目赶着上线,要不下次再去吧。"他把时间用来敲代码,而不是陪伴她过这个重要的日子。

当时小梦就冲他吼:"工作什么时候做不行,我们一起吃个饭有那么难吗?"她委屈地大哭起来。最后自己去吃烛光晚餐,孤零零地度过他们的三周年纪念日。

小梦也明显感觉到，老胡越来越不愿意安抚她的情绪了。

好几次她抱怨领导给她穿小鞋，当着同事的面故意给她难堪时，老胡只会理性地分析："这很正常。你要想想是哪里出问题了，然后好好调整，缓和跟领导的关系。"

小梦很烦躁地说："这些道理我都懂。你多哄哄我，让我开心一点不行吗？"

但老胡往往不说话。或者他会转过身，没多久就呼呼大睡，只留下小梦自己委屈和生气。

最让小梦烦躁的点，就是老胡遇到冲突不想多说话、让她"自己冷静一下"的模式。

每次看到老胡撇开脸、像没事人一样又开始敲代码，小梦就愤怒得想冲他吼，把他的键盘砸掉，将他的代码通通删掉。让他也尝尝那种痛苦、绝望、不知道该怎么办的心情。

她很难过地说："老胡现在就像陌生人，对我的死活根本不关心。看到他越冷淡、越没有反应，我心里就越烦躁，越想找碴跟他大吵一架。这都像个恶性循环了，我很迷茫，不知道还能不能跟他走下去。"

因为陷入关系瓶颈，跟老胡吵得越来越凶，小梦找到我，希望通过心理咨询进行调整，恢复到一开始没有矛盾、相处很愉快的状态。

诊断问题：找到情绪扳机点

听着小梦对老胡的抱怨，说他的不以为然、冷处理多么让她烦躁，想跟他大吵一架，我立刻联想到一个心理学理论——情绪扳机点。

从情绪心理学的角度来看（Niedenthal & Ric, 2017），[1]我们的负面情绪有一个"**启动按钮**"。当对象说了某些话、做了某些行为，很可能会碰到这个按钮，导致你忍不住要跟他争吵。用通俗的话来说，就是每个人都有"逆鳞"，被戳到这个点就很容易爆发。

所以要缓解烦躁情绪，了解你的情绪扳机点在哪里，哪些行为和说话方式会引发矛盾，然后有针对性地调整很重要。这样能帮你避开雷区，更好地跟另一半相处。

首先可以看到，非常让小梦不舒服的点，是老胡跟她的沟通不同频。当她被领导批评，非常需要理解和安慰时，老胡塞给她的却是理性分析，还有一大堆建议。因为跟老胡讲不到一个点子上，得不到想要的情感支持，所以小梦的心情就越来越烦躁，总是忍不住发火。

我这样跟小梦反馈："听起来，你的烦躁是因为老胡跟你不在同一个频道上。就像你说想喝水，他却塞给你一碗大米饭。或者你在看CCTV 5，他却跳到CCTV 11。每次他理解不到你的点，给了一个你不想要的东西，我能感觉你变得很急躁。"

听到我这样说，小梦不断点头："是的覃老师，就像你说的这样。每次说不到一块儿，我就想他怎么都理解不了我，心里会特别烦。"

当我跟小梦确认了这个导火索，我让她把"不在同一个频道上"记为"情绪扳机点1"，并记下容易戳到这个点的行为，比如"讲大道理，不会安慰人"。

等小梦完成记录后，我接着说："好像让你烦躁、想跟老胡吵架的点，还在于他的偏执和不以为然。他觉得浪漫是一件不重要的事，就算你很在乎、希望纪念日能好好过，他也会不当一回事，这让你非常生气和委屈对吗？"

"是的是的，"小梦很感慨地说，"我觉得他这个人太固执了。根本听不进别人的意见，他觉得什么样就是什么样，这也是我特别不爽的地方。"

可以看到，"固执"是"情绪扳机点2"，她经常因为老胡"听不进别人意见"而引发矛盾。

最后，我也跟小梦讨论"情绪扳机点3"："能感觉到，你对于冷处理这个行为非常不满。当他不搭理你，继续去干自己的活，似乎你很崩溃，愤怒的情绪一下就爆发出来。"

小梦的眼眶立刻红了。她告诉我："覃老师，我一开始觉得这段感情没希望，可能很快就会分手。但跟您这样梳理下来，我感觉自己被理解了，这些问题也有改变的可能，心里就没那么难受了。"

可以看到，通过"情绪扳机点"理论，我跟小梦找到了引发烦躁的矛盾点——老胡跟她不在同一频道上、固执和冷处理的应对方式。这不仅给接下来的工作提供"破局思路"，也让迷茫而无助的小梦看到希望。

所以，如果你也对另一半有烦躁情绪，可以寻找触发负面情绪的"扳机"，把对象那些让你不舒服的思维、行为和说话方式，1、2、3点列下来，找到关系调整的方向。

同调技术：给自己和另一半搭"桥梁"

下周小梦再过来咨询的时候，她有些沮丧地说："覃老师，我跟老胡还是吵架了。我已经跟他说过，希望他能跟我在同一个频道上，给我情感安慰而不是大道理。但他还是不肯做，我真的好难过。"

感觉小梦和老胡僵在那里，没办法突破关系瓶颈，我跟她介绍了科胡特的**同调技术**（Kohut，2018）。[2] 简单来说，就是给自己和另一半搭梯子。一方面走到对方的位置上，理解他的不容易。这样会缓解他内心的防备和对立感，让他更愿意做出改变。另一方面，也可以看看他是否遇到困难，在某些地方卡住了。帮助他突破难关，慢慢学会走到你的位置上，用你期待的方式跟你相处。最后达到互相理解，烦躁情绪减少的状态。

听完介绍，小梦问我说："覃老师，我觉得你说的这个方法还蛮好的，我愿意去尝试。那具体应该怎么做呢？"

我告诉她："很明显，老胡觉得你在寻求帮助。要给你很多分析和建议才管用，情感安慰不重要对吗？"

看到小梦点点头，我继续说："就像刚才说的，我们能否先走到他的位置上，比如接受、肯定他的好意。然后再顺着他的脑回路，让他意识到情感支持也必不可少呢？"

感觉小梦有些愣住了，我给她做了具体反馈的示范，让她知道在老胡长篇大论、她非常烦躁的时候该如何回应："亲爱的，特别感谢你的建议。我知道，你是想告诉我问题出在哪里，该如何去调整，你的分析对我的帮助真的很大。理智的部分我已经理解了，你是否能给我多一些鼓励、安慰，让我更有信心去面对困难呢？"

我让小梦去思考，如果她这样说，老胡是否能换位思考，理解到她的需要。

小梦想了想，回答我说："覃老师，我觉得这样说的话，效果会比之前好一些。但是我也担心，如果他还觉得情感安慰不重要怎么办？"

感觉到小梦的焦虑、缺乏信心，我使用认知行为疗法中的**在意象中应对技术**（Beck & Beck, 2011），[3] 跟她一起推演如何让老胡感同身受，把两个人调到同一个频道上。

我这样引导她："你是否愿意想象一下，当老胡说'不，我觉得安慰不重要'，你很难过和委屈的时候，你是否可以给他举一个例子。就是他很在乎某件事情，但是你觉得无所谓，最后他很受伤的状态，让他理解到'怎么说都没有用'的烦躁和挫败感？"

小梦低下头沉思了一会儿，然后她说："可以的覃老师。我记得去年9月，他妈妈来北京看我们。老胡订了个餐馆一起吃饭，但是那段时间我很忙，迟到了快一小时。我觉得他们可以先吃啊，不用等我，但是老胡却大发雷霆，说我不尊重他妈妈。不知道这个例子能算吗？"

"当然可以，"我接着让她想象，"如果你告诉老胡'亲爱的，你说安慰不重要的时候，我真的很委屈、很难过。就像之前你妈妈过来，我让你们先吃别等我，你很愤怒和难过的心情一样'，你觉得他能听懂吗，会不会调整到你的频道上？"

小梦点点头说："我觉得会。这样讲的话，他应该能感同身受，稍微听得进去一些。"

最后我跟小梦说："听起来，按照这个思路跟老胡相处，他应该能跟你说到一块儿，不会那么钻牛角尖了。那现在请你假设，如果老胡还是遇到瓶颈，你觉得他会卡在哪里，有什么办法能帮助他走出来？"

"嗯，"小梦思考了一下，告诉我，"如果有问题，可能是他不怎么会哄人，也嫌安慰我很肉麻，不好意思开口吧。不过这些困难也不算什么。他学习能力那么强，上网搜一些哄女生开心的话术，自己消化一下不就行了吗？我觉得这些瓶颈都是可以处理的。"

通过在意象中应对技术，小梦知道如何让老胡理解她的不满情绪，解决可能遇到的困难。慢慢搭起同调的梯子，把互相不理解、三天两头吵架的状态调整过来。

所以，如果你跟对象沟通的时候很烦躁，总觉得不被理解，没在同一个频道上，那可以尝试同调技术。先看到、欣赏恋人做得好的地方，给他"顺顺毛"。等他内心的防御和对立感少一些，再从他思考的角度出发，引导他理解、满足你的情感需求。

除了给对象"搭梯子"，你也可以用在意象中应对技术，想象其他让另一半将心比心的方法，比如举个他的需要被忽视、否认的例子，让他感同身受那种烦躁情绪。同时你也可以想想可能的阻碍因素。多准备几套帮助恋人调整的方案，让沟通变成共赢而不是又一次吵架。

促进性环境：把沟通变成一件愉快的事

过了几周，小梦过来咨询时很开心地告诉我："覃老师，你说的同调技术真的很管用。我先肯定老胡、给他顺顺毛，然后再引导他给我理解和安慰。感觉他就没那么固执，也能慢慢跟我调到同一频道上了。"

"但是，"小梦有些苦恼地说，"有时候我们还是说不到一块儿。如果我很生气、跟他大吵一架，他就会把我晾在那里好几天。这种情况也蛮让我烦躁的，你说我该怎么办呀？"

看到小梦很挫败的样子，我跟她进一步了解情况："听起来，老胡有些回避、拒绝沟通是吗？如果你是老胡的话，你愿意说说为什么进行'冷处理'吗？"

小梦思考了一会儿，有些犹豫地说："他可能觉得，我吵架的时候很上头，一直在撑他。他心里也特别生气和难受，不知道该怎么回应我。所以干脆不说话，让我自己先冷静一下。"

听到小梦的反馈，我感觉要处理好这个矛盾，需要给老胡营造温尼科特（Winnicott，2014）[4]说的促进性环境。简单来说，就是让他获得一个理解、包容、有安全感的沟通氛围。这样遇到矛盾时，老胡会更愿意交流，而不是通过逃避来解决问题。

所以，我这样给小梦反馈：

"你是否可以减少一点他沟通的压力?比如吵架的时候,别把'那我们就分手吧'挂在嘴边,轻易拿这个撒手锏去威胁老胡。如果一有矛盾就要闹分手,那他可能也不敢多说什么,害怕引起更大的冲突对吗?

"还有,我注意到你喜欢指责老胡'你很冷漠''你根本不在乎我的感受'。这些话其实很伤人,也会让对方觉得压力山大,不知道怎么回应。你可以换一个说话方式,让老胡更加能够听得进去,比如改掉'你怎么怎么样'的表达,用'我感觉''我希望'来造句。"

我给小梦做了一些示范:"当他不说话的时候,你心里可能很不好受,希望他能回应你。那你可以这样说'亲爱的,我感觉很痛苦、很难受。我好希望你能过来哄我、安慰我啊'。你觉得老胡听到你这样说,他会是什么反应?"

小梦想了想,激动地告诉我:"覃老师,你给我的启发很大。我觉得这样去表达,老胡的心里会舒服很多,不会被撑到连话都不想讲的地步。他应该愿意理我的。"

"但是,"她有些担心地说,"真有矛盾的时候,我可能没办法像这样好好说话。一旦他觉得我失去理智了,又会把我晾在那里好几天。这种情况应该怎么办呢?"

为了解决这个矛盾点,我告诉她一个**"暂停键"技术**(Shirran & Shirran,2012)。[5]

这个方法很简单，就是当她情绪失控，没办法好好说话的时候，老胡可以按下"暂停键"。提醒她冷静一下，比如用冷水洗把脸，或者到楼下遛个弯，待情绪稳定下来再继续交流。

当小梦愿意按照这个方法来，并且说到做到，那她就能通过老胡的提醒及时调整自己，缓解吵架时很上头的状态；而老胡也会慢慢觉得，"暂停键"技术是管用的。小梦能够控制好她的情绪，做到心平气和地交流，不再需要好几天的"冷处理"。

简而言之，面对老胡一吵架就"冷处理"，让她很烦躁的相处模式，小梦做了三个调整：营造安全、不伤害的沟通氛围，尽量避免拿分手威胁老胡，让他能够说出内心的真实想法；把"你如何如何"的直接批评，换成"我感觉""我希望"的委婉表达，让老胡更愿意接受；使用"暂停键"技术，及时调整情绪，增加老胡沟通的信心和安全感，避免再陷入冷战状态。

当促进性的环境慢慢形成，即便遇到摩擦，老胡也愿意跟小梦沟通解决，很少选择逃避和冷处理的方式。这让小梦的烦躁感缓解很多，更有信心把这段关系继续下去。

小结：情绪烦躁、容易跟对象吵架如何调整？

首先，找到烦躁情绪的"扳机点"。看看对象有哪些让你不舒服的说话、思维、行为方式，把这些戳到你的点记录下来，明确需要调整的方向。

其次，努力跟对象调到同一个频道上。打破僵局的第一步，是走到对方的位置上，传递给他理解和接纳的感觉。然后你可以顺着他的思维方式，引导他也看到、满足你的情感需要。你也可以运用在意象中应对的方法做推演，举些对象感同身受的例子，达到相互理解的状态。

最后，营造促进性的沟通环境。比如别老把分手挂在嘴边，多用第一人称的委婉表达，学会在情绪快失控的时候暂停、及时调整好状态。当你们给彼此体谅、包容和安全感时，好的沟通氛围就慢慢形成，相处时的烦躁感也会迎刃而解。

Chapter 5 度过磨合期：让爱情的小船平稳前行

无言之尬：
话题变少，越来越陌生如何调整？

恋爱多年的情侣，可能会陷入这样的窘境：和对象越来越没有话题，不知道该说什么，可能你们回到家就各自对着手机，你看你的视频，我玩我的游戏，没有太多交流；即便有些情绪，也缺乏倾诉的欲望，不知道该对另一半说些什么；甚至他主动问你在做什么，你也会有些抵触心理，觉得没有必要交流。

如果这是你跟他的状态，可以尝试这些方法：不断开拓新的来源，探索更多跟对象交流的素材；做彼此的"最佳听众"，给对方欣赏、肯定、接纳，提供大量的情绪价值，让他从跟你的沟通中获得乐趣；增加共同活动，一起去完成某个目标、享受某些户外活动，把两个人的情感连接变得更紧密。

下面我们通过小虎的案例，了解如何打破无话可聊的状态。

曾经能跟对象讲到凌晨两三点的小虎，现在感觉话题都聊完了，不知道还能说些什么。

沟通尴尬：找不到话题的他和她

"小虎，我们的感情是不是出问题了？"琳琳注视着小虎，有些紧张地试探他，"你最近很奇怪，好像都不大想跟我说话。"

"你别多想，"小虎有些慌张，急忙安抚琳琳，"我最近经常加班，太累了不想说话。"

等到终于把女朋友哄好，小虎忍不住偷偷叹了口气。他跟琳琳的关系确实"生病"了。

刚恋爱的时候，他跟她有说不完的话题。

小虎和琳琳都是电影迷。《盗梦空间》结尾的陀螺到底有没有停下，《头号玩家》里埋了哪些彩蛋，两人能够讨论个半天。

他们俩也喜欢分享自己的生活。比如今天被领导批评了，有点小不开心；突然发现看似精明的同事，私底下竟然是个憨憨……再小的小事，他们都能聊得有滋有味，根本停不下来。

但恋爱到第五年，小虎感觉话题已经聊完了。

他不知道要跟琳琳说些什么，也慢慢没有了沟通的欲望，经常陷入无言的尴尬。

比如看完一部新电影,他觉得看完也就完了,没必要再跟女朋友说太多。

自己每天做了什么,小虎也有些不耐烦像做汇报一样,事无巨细地跟琳琳讲。他感觉:"我的工作那么忙,抓紧时间把活干完,回去再闲聊不行吗?"

虽然到了家,但他往往洗个澡就瘫在床上,打打游戏、刷刷视频,也不会跟琳琳讲太多。

用小虎的话来说就是:"顶多聊一下'吃了什么''今天有什么事',也没什么好说的,大家就各玩各的手机。"两个人的距离越来越远,变得有点像合租一间房的室友。

因为越来越没话说,沟通起来经常尬聊,小虎也找到我,希望通过心理咨询调整状态,把这段五年的爱情长跑继续下去,而不是因为交流的问题说散就散。

∞

不断开源:挖掘更多跟对象交流的素材

当小虎说着他不想沟通、没有话聊的烦恼,我指出他有些矛盾的状态:"我觉得很奇怪啊。你刚才告诉我,你跟琳琳很聊得来,之前还打电话到两三点。为什么现在像是话不投机,沟通起来那么尴尬呢?"

听到我的话,小虎叹了一口气说:"覃老师,我也想过这个问题。感觉是该聊的都聊过了,好像没什么好说的。"

"真的这样吗?"我接着问他,"你刚才就在说着,你有很多事情没跟她分享啊。比如你看奥斯卡获奖电影,心里有很多感悟;从一名业务骨干到中层管理者,你取得的成绩和面临的压力……这些不都是可以交流的内容吗?"

小虎有些愣住了。他说:"是啊。仔细想想,好像还有很多事情可以聊。为什么在面对琳琳的时候,我感觉没什么话题可说了呢?"

我这样和他分析:"根据**沟通理论**(Littlejohn & Foss,2009),[1] 在我们交流时,有两种角色——说者(sender)和听者(receiver)。沟通就是说者向听者发送信息(message),两个人互为说者和听者的过程。而你遇到的困难,似乎是因为太熟悉彼此,信息的来源(source)被挖过很多遍。你觉得没东西了,或者缺乏继续探索的新鲜感对吗?"

"对对对,"小虎激动地点头,"就是挖过很多遍,再聊的兴趣变少了。我现在也理解,为什么跟新同事或者新朋友,我聊天的意愿更强烈。那您说我该怎么调整呢?"

为了帮助小虎跳出来,思考如何解决信息来源的问题,我使用认知行为疗法中的**"距离问题"**(Beck & Beck, 2011)。[2] 我这样问他:"小虎,相信你身边应该会有爱情长跑的朋友,或者认识的长辈。他们也一定面临过沟通素材被挖空,不知道要说什么的状态对吗?在这种情况下,你觉得什么建议会有帮助？"

听到我的问题，小虎想了一会儿说："如果他们有这个问题，我会建议他们开源，多积累一些新的能沟通的素材吧。"

在头脑风暴的过程中，小虎想到很多可行的方法。比如他看了漫威的新电影，可以总结出三个"高光时刻"，回家以后跟琳琳分享；或者下午开管理层的小会，遇到一、二、三点挑战，都可以作为话题拿来和女朋友聊。

小虎感慨地说："看来说到底，还是要不断吸收新东西，然后在交流的时候分享。之前就是懒得去整理和提炼，给关系注入新养料，结果才变得跟她无话可说了。"

可以看到，通过沟通模型去分析无话可说的状态时，一个很大的问题就是信息来源被挖过太多次，缺乏新鲜感。要解决这个问题，不妨采取"距离问句"，跳出来看看你们卡在哪里，有哪些技巧可以突破这个瓶颈。

当你带着一双发现素材的眼睛，那看的新书、新电影，或者你工作上的感悟，都可以转换成跟对象交流的新内容。重点还是要有不断积累和分享，给关系带来新东西的意识。

∞

积极倾听：做彼此最好的听众

等下周过来的时候，小虎告诉我："覃老师，这周我跟琳琳的关系缓和一些了，没有之前那么尴尬，完全不知道要说什么的感觉。"

"但是,"他有些苦恼地说,"我们的兴趣点还是不大一样。比如我说篮球或者跟同事准备的新项目,她虽然很配合我,但我感觉她其实不大感兴趣。"

小虎接着说:"对我来说也一样。她说口红到了,问我这个色号好不好看,我觉得都差不多,这种话题没什么意思,就有些不想听。你说这种尴尬的局面怎么破?"

我首先肯定并鼓励了他们的尝试:"你们俩都做得很棒,会不断积累新素材,然后跟对方分享。这种积极性是非常重要的。"

为了帮助他们搭上线、找到共同话题,我使用认知行为疗法中的**比喻技术**(Blenkiron,2011)。[3] 我跟他说:"现在,你就像一个拍视频的博主。你有片子剪出来,粉丝说不是他想看的。那这种情况下,你会怎么办呢?"

小虎思考了一会儿,然后说:"我应该会根据他的意见,优化一下我的视频内容吧。比如记一下哪些内容他不感兴趣,下次就不要用这种素材;以后也更多揣摩观众的心理,做出大家喜闻乐见的视频。"

代入 Up 主的角色去看,小虎慢慢觉察到:在一起的时间长了,他跟琳琳都有些忽略彼此对什么感兴趣,想听什么。经常把关注点拉到自己关注的事情上,结果陷入一个在 CCTV 5,

一个在CCTV 10,因为频道不同而缺少共同话题、难以沟通的状态。

当小虎意识到这种各顾各,没有听到对方的状态,他忍不住问我:"覃老师,那我应该怎么调整,打破这种没有话题的尴尬呢?"

我告诉他:"或许你首先要做的不是想着说,而是积极地听,做女朋友的好听众。"

我给他介绍了心理咨询中**积极倾听**(active listening)的方法。简单来说,就是努力捕捉对方表达的内容和话外之音,不评价、不打断,并且在适当的时候,微笑、注视、点头,用自己的话复述对方的意思,让他感觉被理解和接纳。这也是让对话继续下去的有效方法(Sommers-Flanagan & Sommers-Flanagan, 2016)。[4]

为了让小虎理解,我给他做了一个示范:"你刚才说,你很迷茫、焦虑。你意识到沉浸在自己的世界里,没有听到琳琳,可能影响了你们之间的关系。你也着急地想调整,希望找到打破尴尬的办法对吗?"

"听到我这样说,"我看着小虎,"你会不会感觉,自己有被理解,然后想多说一点呢?"

"有有有,"小虎点了点头,"感觉如果是用这种方式沟通,我会很愿意跟琳琳说话,她也会很愿意跟我交流。可能之前大家各忙各的，没那么多时间和心情这样做。以后我会注意的，也会提醒她要积极倾听。"

看到小虎开始意识到积极倾听的重要性，我接着说："还拿拍视频来举例。如果你是 Up 主，发了很多期视频。结果观众没有反应，点击和弹幕区空荡荡的，你会不会很失落，觉得没什么好发的呢？"

"相反，"我顿了一下，"如果观众'**点赞、投币、收藏**'三连，那是不是就给 Up 主愉悦感、成就感，然后更有动力继续下去呢？"

根据弗鲁姆、波特和劳勒（Vroom, Porter & Lawler, 2005）[5] 的期望理论，当你预期某个行为会带来想要的结果，那就会更有动力那么做。之所以要积极倾听，对方说完以后"点赞、投币、收藏"三连，就是要让恋人把沟通和这些甜头联系起来，更有动力去表达。

如果两个人都能积极倾听，做彼此最好的听众，那双方不就获得很多情绪价值，又何愁不想沟通、没有话聊呢？理解和被看到的感觉，自然而然会让我们打开话匣子，甚至滔滔不绝地说话。这一点，也在我的咨询实践中无数次得到验证。

简单而言，要找到共同话题，你可以把自己想象成一个剪视频的 Up 主。不仅按自己的喜好剪，也要去揣摩和了解观众的心理。了解对方对什么感兴趣、想看什么，慢慢找到那些点，这是成功对话的基石。

此外，要让对话能够继续下去，积极倾听也非常重要。全神贯注地听、适时地给予反馈，让对方感觉被理解和听到。当我们从对话中获得很多情绪价值，就会更有交流的动力。所以两个人都要学会做最佳听众，给对方"点赞、投币、收藏"三连。

∞

朝向彼此：增加两个人的共同经历

几周以后，小虎很开心地告诉我："覃老师，您说的方法很有帮助。我跟琳琳都试着去倾听彼此，做一个好的听众。然后聊的次数也变多了。"

"但是，"他有些苦恼地问，"就这样找话题、多倾听，好像总有些不得劲儿。没有一开始恋爱的时候沟通那么好。您说这是为什么呢？"

感受到小虎的烦恼，我突然想起他一开始说的，两个人回到家各玩各的手机，彼此不怎么说话的场景。于是问他："小虎，你跟琳琳平时有一起完成什么活动吗？比如做做饭，出去逛逛商场，或者看一部电视剧或者综艺什么的。还是各做各的呢？"

小虎有些愣住了。他思考了一会儿说："好像渐渐地没什么共同活动了。因为我们上班都很忙，有时间就想多休息，一般不做饭。她也比较宅，喜欢网购、在家看些好玩的综艺。我呢，就喜欢户外活动，经常出去骑车。平时相处的经历是比较少的。"

听到这里，我给他做了这样的反馈："你好像在说，你和琳琳的联结变弱了。你们沉浸在自己的世界里，很少贴近对方、一起去创造共同的经历和回忆。这也导致你跟她越来越找不到话题，亲密的感觉很虚是吗？"

小虎沉默了好一会儿，然后他点点头说："是的，就是您说的这样。"

为了让他理解共同活动的重要性，我告诉他婚姻研究大师戈特曼的观点。

通过数十年的实证研究，戈特曼（Gottman，2018）[6]发现：要让亲密关系幸福而稳定地维系下去，其中一个秘诀就是朝向彼此（turning towards each other）。简单来说，就是跟你的伴侣更多地联结。比如出现在对方的生活中，多互动、多安排在一起的时间。

同时，根据他的关系解体模型，破坏亲密关系的一个致命因素，就是持续地拒绝沟通和表达情感（stonewalling）。如果一直用"心墙"把自己跟对象隔开，各做各的、很少交流，那感情的降温和结束也不难预料。

听到我的话，小虎有些着急地问："覃老师，我理解你说的了，也非常赞同。那这个情况还有救吗，我应该如何调整呢？"

我对他说："当然有机会改变。我们可以一起来想想，对你跟琳琳来说，可以怎样朝向彼此，多安排一些共同活动呢？"

小虎想了想说："琳琳是国外留学回来的，我英语不大好。之前一直想提高口语和写作能力，但因为事情忙就耽搁了。以后可以多跟她请教，让她教我英语。您说这个可以吗？"

"当然，"我笑着说，"这个是你的需求。对琳琳来说，她是否有想跟你一起完成的事？"

小虎说："当然也有。她现在的公司环境很复杂，经常要平衡不同部门的关系。她前几天就跟我抱怨心很累。我也可以帮她一起分析，看看怎么跟领导和同事打交道。"

"这些都是工作上的事，"我顿了顿，接着说，"那在生活上，你们能一起做什么吗？"

小虎想了想说："琳琳是个吃货。周六周日，我也可以带她出去吃顿饭。之后再以散步的名义，带她一起去植物园逛逛，看看美景、呼吸新鲜空气。这样就平衡好她和我的兴趣点，两个人共同相处的时间也增加很多。"

通过讨论，小虎逐渐掌握了共同经历的核心：找到自己和对象的兴趣点，设计把两者结合起来的共同活动。并且把维度尽可能地扩大：不仅是事业，生活的各个方面也安排上。

具体来说，你可以把对象看成人生合伙人。如果他要提升英语水平，你可以做他的阅读和口语教练；当他在工作上遇到困扰，你可以担任他的职场导师，为他答疑解惑，并且一起进行头脑风暴，想想如何完成上级交代的任务。

而在生活层面，你可以把对象当成好伙伴。一起追综艺，或者看喜欢的电影；周六周日去网红餐厅探店，打卡有意思的画展。通过共同经历，和对人生更深层次的参与，你们的关系会变得更紧密。沟通自然也就不成问题。

在两个多月的咨询中，小虎不断吸收沟通的理论和方法，并且在跟琳琳的相处中应用。慢慢地，他跟琳琳的交流越来越顺畅，也慢慢找回当初那种亲密的状态。

小结：跟伴侣越来越没话聊怎么破？

如果你跟对象陷入无话可说的状态，可以尝试以下三个方法。

第一，不断开源，积累跟对象交流的新素材。

如果你感觉该聊的都聊过了，不妨跳出来，看看有哪些新话题可以拓展。读了本新书，看到一条有趣的新闻，都可以拿来跟对象沟通。重点是保持不断积累和分享的状态。

第二，积极倾听，做彼此最好的听众。

在沟通中，有时候听比说更重要。通过认真地听，你能感受到对象对什么感兴趣、想聊什么，从而找到共同话题。此外，在彼此说话的时候，你们可以保持全神贯注的状态，不时微笑、点头，适当地给予反馈。这样说话者会感觉被理解和听到，更有说下去的动力。

第三，朝向彼此，增加两个人的共同经历。

让关系幸福而稳定地维系下去，而不是被沟通问题破坏，秘诀之一就是跟对象保持比较深的情感联结。你们可以根据彼此的需要和兴趣爱好，设计大家都能获益的共同活动。比如工作上给对方分析局面、想办法；生活方面一起吃饭、看剧、出去玩。深度参与彼此的生活，沟通会更有默契和踏实感。

Chapter 5 度过磨合期：让爱情的小船平稳前行

不安爆发：
没回我消息的时候，你在做什么？

你会有这样的担心吗？对象没有及时接电话，你总感觉他在撩别的异性，背着你乱来；"疑心病"很重，他一不在视线范围内，就会往最坏的方面想，控制不住被背叛的担心；因为不安全感，两个人吵了一次又一次，你很害怕到了分手的边缘……

在亲密关系中，我们可以通过三个方法来疗愈不安全感：转换视角，从"他要给我安全感"到"我能做些什么"；小步迈进，一点点地试着相信对方，用你可接受的速度练习给爱情"松绑"；学会爱自己、欣赏自己，不断自我提升，缓解被抛弃的担心和恐惧。

我们通过婷婷的案例，一起来看应该如何增强安全感。

"他是不是出事了，还是在陪其他女生？"婷婷看着手机，心里想到各种不堪的画面。

不安爆发：担心男朋友出轨的她

"阿宏，你为什么那么晚回来，打电话也不接，是不是在外面有别人了？"婷婷激动地质问对象。

"我哪有，"阿宏无奈地叹了口气，"我今晚陪客户吃饭应酬，所以才没及时回你。"

婷婷忍不住吼他："你撒谎！过了那么久，你怎么可能没有看消息，你肯定在骗我！说，你是不是在陪别人，所以才不回我？！"

"你有完没完！"阿宏一下子也火了，"好端端的怀疑我，是你自己疑心病太重！天天这样叨叨叨，这日子还要不要过了！"

说着他从床上坐起来，气冲冲地到隔壁房间去睡了。

婷婷心里也很纠结跟痛苦。她和阿宏在一起两年了。一切都很完美，除了她没办法接受阿宏消息回得慢，有时候应酬找不到人这一点。两个人经常为此而吵架。

她总是觉得：你干销售这一行，每天都要盯着手机，怎么可能一两小时不回消息？如果有事，也是因为去娱乐场所、陪别的女生不方便。没有其他理由。

因为每次都联想到这些不堪的画面，阿宏消息回复晚一些，她就非常生气和不安，忍不住纠缠他、逼问他到底去了哪里。

刚开始还好，等到婷婷的不安越来越强烈，怎么安抚都没用时，阿宏也被整得非常委屈和心烦。他会气得吼她、说她喜欢乱想和不给人空间，结果"世界大战"一次次地爆发。

感觉对象的态度越来越冷淡，婷婷有点坐不住了，很担心他会放弃这段两年的感情。所以她很着急地来找我，希望通过心理咨询调整不安全感，别再那么频繁地跟另一半发生冲突。

∞

转换视角：从"他要给我安全感"到"我能做什么"

第一次咨询的时候，婷婷就表现得很焦虑："覃老师，我总担心对象没接电话、找不到人，是因为他跟其他女生在一起。然后心情就很崩溃，跟他大吵大闹。你说我该怎么办？"

听到这里，我给她做了一个反馈："听起来，你很焦虑、不安和惶恐。好像当他没接你电话，就意味着他背叛了。你好像对他缺乏信任感对吗？"

当我说到"信任感"时，婷婷连连点头："对！就是这个状态。我好像很难相信他真的喜欢我，要跟我继续走下去。所以必须不停去求证，听他哄我安慰我才放心一些。"

婷婷说着说着，声音也越来越小："我从小就很没有安全感。因为父母经常出差，把我放在爷爷奶奶家。有时候我闹得厉害，他们就哄我说会带上我，然后趁我睡着的时候走掉。"

她一下子哽咽了："我醒来以后找不到人，就特别崩溃，趴在床上哭，把枕巾都哭湿了。所以我变得特别黏人，总希望对象能立刻回我。他不回的话，我就很担心又经历那种突然消失、关系断掉的情况。"

我被她带进那种哀伤、惶恐的心情里。静静体会了一下，我开始诠释她的**客体关系模型**（object-relational model）："听起来，你的内心有很多恐惧和担心。你希望对象立刻回复你，他没有消息就感觉被背叛了。这也让我想到，你的父母辜负了你的信任，用骗的方式把你留在爷爷奶奶家。所以你很难在关系中去信任，担心又一次被伤害和背叛对吗？"

听到我的话，婷婷捂着脸哭起来。过了好一会儿，她才开口说："是的。现在我才知道，原来不安全感的根源在这里。我真的很害怕他像我父母那样，不打招呼就消失了，抛下我一个人在爷爷奶奶家。"

当她开始意识到，这种不安全感主要来源于早年经历，我也教给她一个心理咨询中的技术——**区分**（Jones-Smith，2011）。[1] 简单来说，就是当找不到人、她怀疑阿宏出轨时，先别急着去担心和害怕，而是仔细想想，这种负面情绪是过去父母带来的，还是对象从现实层面，真的有劈腿其他女生的可能性。

如果婷婷能意识到，亲密关系没有被插足的风险，男朋友也没有离开她的迹象，不安感更多是自己心理阴影导致的，那她也就不会那么害怕了。

我介绍完这个技术，婷婷点头说："覃老师，我觉得你这个方法应该会有帮助，让我没那么担心了。但是你知道，这个事情也说不好啊。如果我不问他为什么不接电话，人在哪里，跟谁在一起，怎么能确保我是真的安全呢？所以我还是忍不住去试探他。"

我捕捉到她想控制对象，确保自己百分百安全的念头，这样给她反馈："听起来，你想控制阿宏，把一切危险因素都消除掉，然后才觉得自己可以放心对吗？"

婷婷回答说："是的，我是这样想的。"

"那你有没有想过，"我顿了顿，"你其实控制不了你男朋友，也没法监督他一定不出轨、不离开你呢？因为他是独立的成年人，除非你在他身上安装摄像头，24小时监控，不然他想搞小动作总是有机会对吗？"

婷婷有些愣住了。她低下头说："你说得对。这也是我一直担心的事情。"

当她意识到外部因素的不可控性，我也引导她向内看，把**控制点**（locus of control）转向内部，聚焦自己可以掌控的事情。我问她："之前你的思路，是想试探和控制阿宏，确保他这个人是忠诚、值得信任的对吗？那我们能不能换个思路，不去管他这个外部的、不可控的因素,然后专注在你自己可以做什么,降低他跟别的女生暧昧和出轨的概率呢?"

根据控制点理论(Lefcourt, 2014),[2] 面对一个挑战或困难时,关注内部因素还是外部因素,会明显影响你的想法和行为反应。如果你习惯从外界找原因,总怀疑是对象要背叛,很容易感到焦虑、愤怒,非常患得患失;如果你把控制点放在自己身上,多想想"我可以做哪些努力",那就有更多信心、动力和掌控感。

听到我的介绍,婷婷眼睛一下子亮了。她有些激动地说:"我要把控制权掌握在自己手上,不要那么焦虑和被动了。覃老师,那我可以怎么做呢?"

我引导她去思考:"我们可以假设一下,如果你男朋友背叛你,你觉得你们亲密关系是出现了什么问题呢,你可以做些什么来预防?"

婷婷想了想,低声说:"如果他会出轨,可能是因为别的女生更加温柔、懂事,能够给他提供情绪价值吧。不像我,经常因为不安全感去闹他,逼他哄我安慰我。"

听到她这样说,我做了一个反馈:"你开始意识到问题,这点特别棒。那是否可以调整一下,当你缺乏安全感、忍不住怀疑他跟他吵架的时候,改变沟通的方式,避免他烦呢?"

通过十多分钟的讨论,婷婷找到她的"内在控制点"——

生气、担心的时候,不再把负面情绪都发泄给男朋友。而是自己冷静一下,看看能否消化这些被抛弃的恐惧。如果可以,就不再继续试探对象;如果情绪还是非常激动,可以跟对象或者咨询师进行讨论。尽量让对象感到被尊重和温柔对待,避免用逼迫来达到目标。

这时候我再让婷婷去评估:"如果你用这个内在控制的方法,对象背叛你的概率是多少,会不会比之前有所下降?"

她思考了一会儿说:"我觉得担心会少很多。因为你告诉我一个新的思路,不去强求那些控制不了的,从自己能把控的地方调整。这样我就有努力的方向,没那么焦虑和担心了。"

简单梳理一下,当你处于非常不安的状态,无法信任对象,那首先可以做一个区分:这是过去不好的经历造成的,还是他真的有背叛我的风险?当你发现关系其实很安全,你的担心是心理阴影带来的,被出轨的恐惧就会好很多。

当然,如果恋人真的有问题,或者你追求绝对的安全,可以尝试从"外部控制"转向"内部控制"——不是去试探、控制另一半,然后因为无能为力变得焦虑、患得患失,而是从可控的内部因素出发,找到自己解决问题的方向。当你转变思路,聚焦在内部控制点,就会更有掌控和安全感。

小步迈进：逐渐培养相互信任的关系

过了一周，婷婷告诉我："覃老师，您说的这些方法，刚开始几天对我帮助很大。我也尝试信任他、比较温柔平和地去沟通。吵架的情况好了很多。"

"但是，"她很苦恼地说，"我感觉这种情况很难维持下去。有时候那种不安感太上头了，我就忍不住还是怀疑他、质问他有没有去找其他女生。结果又开始吵起来。你说这个状态该怎么办呢？"

感觉到婷婷的焦虑，我进一步询问她的困扰："听起来，在执行的过程中，你又会陷入不安和怀疑的情绪里对吗？你是否愿意多说说，这中间发生了什么，让你无法保持下去？"

婷婷叹了口气说："就是我不试探、不问清楚他在哪里，还是会很焦虑。可能一开始能控制好情绪，后来越积越多，就实在坚持不下去了。"

经过跟她的交流，我意识到问题的症结在于：她的步子迈得太大了，一下子打破自己固有的习惯，从非常控制到完全的信任和尊重，结果强烈的焦虑感就把她淹没了。

为了帮助她更好地适应，我告诉她一个"小步迈进"的改变方法——**分级任务作业**（graded task assignment）。简单来说，这个方法就是把困难的总目标分解，变成一个个小的、可以实现的子目标。然后我们再顺着路径，逐渐把这些任务完成好（Beck & Beck, 2011）。[3]

我问婷婷："如果把建立信任、有安全感的亲密关系看成终点站，现在的状态是起点，那你觉得自己下一站能调整到什么程度呢？"

"我能做到不对他大吼大叫，直接怀疑他在外面陪别的女生。"婷婷想了一会儿，有些犹豫地继续说，"但我还是忍不住要试探他，了解他在哪里，不然心里总是放不下。"

我鼓励她说："你能想到第一步，就开了个好头。那我们把'控制情绪和被出轨的想象'记为第一站。如果我们继续建立信任感，第二站你可以达到的目标是什么呢？"

"嗯，"婷婷想了想，回答我说，"估计能做到他要应酬的时候，我不会每次都问。就是偶尔会打视频电话抽查一下，看看他是不是真的在应酬吧。"

"那第三站呢？"

"我应该基本会相信他，他打声招呼我就不会多问了，除非有时候真的很焦虑。"

通过分级任务作业，我引导婷婷分解"信任阿宏、不再疑心病"这个具有挑战性的总目标，把它变成循序渐进、可以一步步完成的几个子任务。这样一来，婷婷就不会感觉压力山大，过几天就坚持不住想放弃了。

在执行分级任务作业的过程中,婷婷也跟我抱怨说:"覃老师,我觉得改变好累好辛苦。我也在想,是不是放弃这段感情,去找一个让我很有安全感的男生更好?但我跟阿宏在一起两年,除了缺乏安全感,其他方面都相处得很好,也舍不得这段感情。你说我该怎么办呢?"

我跟她反馈说:"要打破你二十多年来的关系模式,尝试相互尊重和信任的相处状态,一定是让你痛苦、心累和非常焦虑的。放弃当然是一种选择,但是你也可以寻找助推的燃料,让自己更有改变的动力。"

比如认知行为疗法中的**自我比较**(self-comparisons)。总结这个阶段取得的成果,然后跟上个阶段做比较。当我们看到自己的成长和提高,会更有成就感,更有坚持下去的意愿(Arkowitz, Beutler & Simon, 2013; [4]Beck & Beck, 2011)。[3]

我会跟婷婷回顾:"虽然现在离总目标还有距离,你感觉遥遥无期、好像没希望做到。但跟过去的你比,其实有非常明显的进步啊。像你大吼大叫、情绪失控的状态减少很多,跟阿宏吵架的频率也降低了。这不是一个很大的成果吗?"

当我把她的各种改变反馈回去,婷婷有点愣住了。过了好一会儿她才说:"是的覃老师。我好像只看到还是不能信任他,想控制他的一面,没意识到我在沟通、情绪管理这些方面变化很大，其实也蛮好了。"

慢慢地，婷婷也开始学会跟过去的自己比，不断给自己完成分级任务作业的信心。

简而言之，如果你觉得建立信任的关系很困难，不需要勉强自己一步到位。你可以通过分级任务作业，拆分出一个个小的、容易实现的子目标，循序渐进地把总任务完成。

这个过程有两大注意事项：一是确保子目标在自己的能力范围内，可以够得到；二是在你感觉痛苦心累，看不到希望时，给自己坚持下去的动力。比如通过自我比较，看到成长和变化，然后更有信心实现总目标。

∞

提高自尊：不断增加积极的自我认同感

等到几周以后，婷婷来咨询的时候告诉我："覃老师，我最近感觉好多了，越来越能够相信阿宏，胡思乱想、担心他要出轨的情况缓解不少。"

"但是，"她叹了口气，继续说，"我现在觉得自己很糟糕，配不上阿宏，也害怕他会嫌弃我情绪不稳定，直接跟我分手。我这样的不安全感该怎么调整呢？"

为了帮助婷婷改善"我很糟糕"的低价值感，缓解她被抛弃的担心，我跟她介绍了叙事疗法中**"多重故事（multi-storied）"** 的概念。叙事疗法认为，人的生命是由许许多多个故事组成的,其中包括**"主流故事"**和**"支线故事"**(Payne,2006)。[5]

对婷婷来说,她的主流故事就是自卑、焦虑,觉得自己配不上阿宏。那要"对症下药",我们可以去发掘她身上积极的支线故事。让她不断累积自我认同感,把"我配不上"的主流故事改写过来,做到跟对象相处的时候更有安全感。

为了达到这个目标,我让她去思考积极的"例外":"你告诉我的,都是你如何如何不好,配不上男朋友。那你是否愿意多说说,你做得好的、让阿宏欣赏的地方?"

婷婷有些愣住了。她想了想说:"之前我好像都忽略了这个部分。如果硬要说的话,我觉得我情绪好的时候,会很关心他。比如他晚上喝酒回来,我会煮醒酒汤。或者他加班比较晚,我也会准备粥和一些他爱吃的小菜,以防他没吃饭饿肚子。"

我接着问她:"特别好,还有吗?"

"嗯,"婷婷沉思了一会儿,继续说,"还有就是我对他父母很好。逢年过节,还有他爸妈生日的时候,我都会准备老人家喜欢的礼物。我给爸妈买补品,也会给他父母买一份。他家人来北京,我也会请吃饭、带他们到各个景区去看看。应该也可以算比较孝顺吧。"

随着不断地回忆和讲述,婷婷很惊讶地发现,原来自己没有想象的那么差。虽然的确有情绪控制、患得患失这样的问题，影响跟另一半的相处，但是她也有很多闪光点。比如体贴、承担家务、孝顺老人，这些也给了男朋友很多支持和情绪价值。

当她不断讲述做得好的地方，丰富"我很不错"的支线故事，那"配不上"的主流故事就一点点被改写，让她不那么担心被对象抛弃了。

总之，当你觉得自己不够好，很担心会被对象抛弃时，可以用叙事疗法的框架去想问题。多找一些积极的"例外"，比如你在这段关系中做得好、值得被欣赏的地方，不断壮大"我很不错"的支线故事。

当积极的自我认同感足够多，你的自尊水平也会得到提升。这就调整了"我配不上"的生命故事，跟恋人相处时更有安全感。

∞

小结：如何告别不安，构建对另一半的信任感？

如果你总是患得患失，有强烈的不安全感，可以尝试以下四个方法。

第一，如果你曾经有被伤害或欺骗的经历，留下心理阴影，可以做一个区分："这种担心对象会背叛的感觉，到底是现实因素引起的，还是过去的创伤造成的？"如果你通过检验，发现当下的亲密关系很安全、没有破裂的风险，那对另一半的信任感也会提升。

第二，转变思维，从试探、控制另一半，到调整内部可控的因素。你可以告诉自己："他是一个独立的成年人。我控制不了他，也没办法 24 小时盯着他。"然后把控制点放在内部，思考自己可以做什么来降低对象劈腿的概率，寻找可行的调整方向。

第三，采取分级任务法。把建立信任的亲密关系看成总目标，拆分出一个个小的、容易达成的子任务，然后循序渐进地把总目标给完成。你要确保子任务在自己的能力范围内，同时通过自我比较找到建立信任感的动力。

第四，如果你觉得自己很糟糕，总担心被对象抛弃，可以多想想积极的例外。比如那些你做得很好、值得被欣赏的地方。当你的自我认同感足够高，就会改写"我配不上"的主流故事，跟对象相处起来更有信心和安全感。

196　**恋爱不累心**

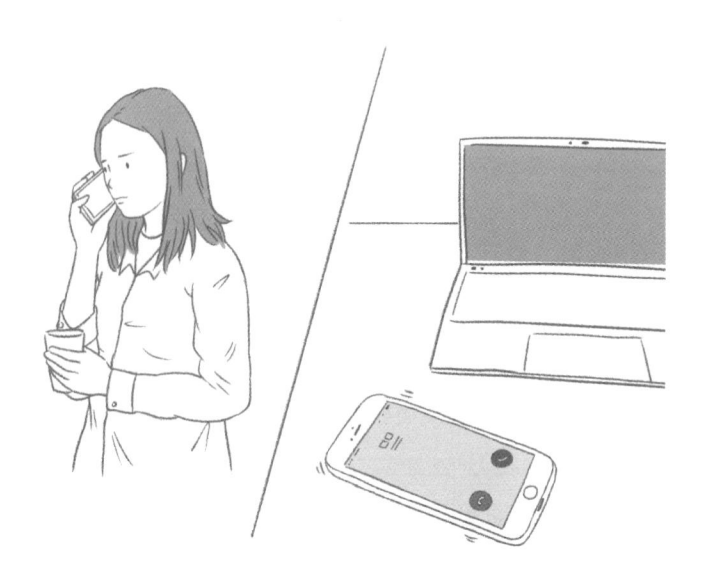

预期焦虑：
我怀疑，这段关系没有未来

这段关系能不能走下去？如果两个人没有未来怎么办？

在感情中，或许你对未来有很多很多顾虑。比如到了结婚的年龄，但对象仍然在犹豫，迟迟没有进一步的打算；恋人的家境不好，跟你不匹配，在通往婚姻的路上被钱拦住；留恋这段关系，但是也焦虑两个人的未来，不知道该何去何从……

如果你有这种对未来的担心，可以尝试三个方法：改变不合理信念，弹走你脑海里的"小恶魔"；积极应对，用几种有效的策略去应对问题；自我关怀，采取"蝴蝶拍""保险箱"等情绪稳定技术，帮助自己缓解焦虑感。

方法说得有些抽象，我们通过洋洋的案例来看具体怎么做。

洋洋突然发现，感情中最可怕的问题不是争吵，而是看不到继续下去的希望。

∞

担心未来：亲爱的，我们的关系该怎么办？

"30岁之前不打算结婚，你考虑过我吗？"洋洋很失望地质问小朱。

看到男朋友一直没说话，她忍不住捂着脸，呜呜地哭起来。

洋洋跟小朱在一起三年了。从研究生开始谈恋爱到现在，她认定小朱是那个对的人。他聪明、上进、懂得体贴她，洋洋还幻想过毕业就结婚，小夫妻相互扶持着在职场打拼。

但她现在27岁了，结婚还是一件遥遥无期的事。

原本承诺过"不会让你久等"的小朱，现在全身心扑在工作上，总是回避谈结婚的事。

他跟洋洋说："亲爱的，我现在一无所有，家里也给不到太多支持，拿什么跟你结婚呢？"表示现阶段还是奋斗为主，等攒够首付钱，有了经济基础再结婚。

虽然洋洋能理解，但她也面临很大压力。

每次打视频电话，妈妈都会催她："你什么时候结婚啊？现在年纪也不小了，再不结，你可就越来越被动了知道吗？"

爸爸虽然没说什么，但在沉默中，洋洋也能感受到他的担心和焦虑。

因为各个方面的压力，洋洋也开始着急了。她越来越多地催小朱，让他赶紧想办法结婚。甚至还威胁小朱说："不行的话我们就分手，我的时间也耗不起。"

但她的做法换来的不是成功，而是小朱的回避，还有越来越冷淡的态度。被逼到墙角了，小朱也忍不住撂下一句狠话："我30岁之前不打算结婚，你自己看着办吧。"

从那以后，他加班的时间更多了，很少再主动说什么，也不关心和照顾洋洋的情绪。

洋洋感觉就像晴天霹雳，又震惊又委屈。她怎么也没想到，这个爱了三年的男人，会说出那么冷漠和无情的话，甚至变得像陌生人。

曾经想跟小朱白头到老的想法，现在也开始动摇了，她忍不住想："他还爱我吗？我们还有未来吗？还是最好结束这段关系？"无数的想法涌上心头，让她的心情非常纠结和矛盾。

带着对美好回忆的不舍，还有深深的预期焦虑，洋洋来到我的咨询室。她希望能好好梳理这段亲密关系，然后决定是否要坚持下去。

改变思维：弹走你脑海里的"小恶魔"观念

第一次咨询时，洋洋就表现出强烈的焦虑。她不断问我："覃老师，小朱说30岁之前不考虑结婚是什么意思？如果他还爱我，为什么说出这样无情的话？我感觉他不爱我了，你说是这样吗?"

听到洋洋的"焦虑三连问",我觉察到其中包含一些错误思维(mistakes in thinking)。我这样跟她反馈:"听起来,你好像会假设,如果他真的爱你,就不会说出让你等到30岁的话。如果他说出来,就意味着他的爱消失了。似乎在你的世界里,只有'黑'和'白','有爱'和'没爱'两种状态?"

洋洋一下子愣住了。她迟疑地问我说:"这样想有问题吗?"

我告诉她:"这在**认知行为疗法**中(Beck & Beck, 2011),[1] 叫作'**全或无思维**(all-or-nothing thinking)'。有这种思维的人,一般喜欢走极端。觉得某个人好的时候,就像开了八百倍的美颜滤镜,似乎他全身上下没有任何缺点,或者缺点也被磨皮掉。但是当你感觉他不好的时候,似乎怎么看怎么不顺眼,甚至连呼吸都是错。你感觉自己的思维有这种特点吗?"

洋洋想了想,喃喃地说:"好像还真是。自从他说现在不打算结婚,我就感觉他一定是不爱我了,想跟我分手。然后就开始各种吵架,整得我很焦虑,他也不痛快。"

当她看到问题,我也引导她去调整:"所以你想缓解负面情绪,一个有效的办法就是调整认知错误,然后用**更加恰当的反应**(adaptive responses)取代。我也想请你思考,除了他不爱你之外,他这样说是否还有其他可能性?"

"唉,"洋洋叹了口气,沉默了一会儿才说,"他应该是被我逼急了吧。除了因为结婚这件事吵架、冷战,我们其他方面还蛮好的,跟以前没有太多差别。"

这个时候我继续说:"如果你放下'他不爱我'的想法,换成'他还是爱我的,只是被我逼急了'这个观念,你觉得焦虑感会有变化吗?"

洋洋点了点头说:"原来对未来的焦虑是 90 分,现在可能好一些,是 70 分吧。"

"但是,"她皱了皱眉头,有些激动地说,"他不知道如果再不领证,我的年纪就大了,我的父母也会把我逼疯吗?他如果真的想跟我走下去,就要好好想想办法啊!"

看到洋洋委屈不满的样子,我感觉她有些掉进**过度概括化(overgeneralization)**"的思维陷阱里。我这样跟她反馈:"听起来,男朋友现在没有打算跟你领证,让你非常失望和愤怒。似乎从这个拒绝里,你解读出他是拖着你、不顾你家庭压力、完全不为你考虑的渣男,跟原来那个负责任的他就像两个人对吗?"

洋洋一下子愣住了。她过了很久才说:"是啊……好像因为他没有兑现结婚这个承诺,我把他想得很坏很坏,总觉得我们之间没有希望了。但是,他那么努力工作和省钱,还把氪金买皮肤的爱好给戒了，不也是为了我们的未来在奋斗吗？"

"是的，"我点了点头说，"当你没有只盯着结婚这个点不放，而是比较全面地看问题，理解小朱的努力和付出，看不见未来的焦虑感有变化吗？"

洋洋告诉我："是的，感觉焦虑值又下降了20%吧，情绪好多了。"

"不过，"她有些无奈地说，"这些猜测和担心都还好的，我调节调节就行。但现在问题还在于，他攒的钱只有首付的三分之一，远远不够买房子。他和我爸妈都觉得结婚必须买房，那这个该怎么办呢？难道要我等到他能付首付才结婚吗？那我的年纪得多大了啊？"

看到洋洋很苦恼的状态，我这样跟她反馈："听起来，你非常焦虑和无力。似乎不管是你、你爸妈，还是男朋友小朱，都隐藏着'**必须式陈述（must statement）**'——必须买房，而且至少是男方出了首付你们才能结婚。好像除此以外，就没有其他走到下一步的办法了。"

"是啊，"洋洋点点头说，"这个想法不也很正常吗？要结婚的话，总得他有能力有担当，而且有一些经济基础做保障。难道我们还要回家，跟我爸妈一起挤着吗？"

我跟她反馈说："当然，你考虑得很有道理。只是我在想，真的必须如此还是可以灵活一些？比如他现在拿不出首付，但是工作发展和晋升的潜力大。那能不能前期你们家多出点，以后装修和月供主要是他来承担？就是你们相互弥补，前期给他一些成长的空间呢？"

洋洋有点愣住了。她思考了一会儿才说："好像这样也是可以的。就是我爸妈之前觉得，男方必须有足够的经济实力，至少把首付给付了。我跟小朱都有点被这种想法带进去了。"

"是的，"我点点头说，"好像你跟小朱被要求过独木桥。只有过得去，才能结这个婚；如果过不去，就没有在一起的资格。你们也都认同了这个观点。但实际上，如果回到初衷，你的父母也是希望男方有经济实力对吗？而在这个点上，小朱似乎能做到，只是他的潜力需要一定时间来兑现。"

"对对对，"洋洋很激动地说，"小朱编程实力强，而且情商也高，工作这两年升得很快。我觉得过了前几年的成长期，以他的经济实力能把这个家撑起来。如果不要求他立刻付首付，而是让他未来多承担一些，好像结婚的可能性就大多了。"

这个时候我再问洋洋："如果你放下'他婚前必须要有强大的经济实力'，能从比较灵活、长远的角度看他的发展，焦虑感是否会有一些变化？"

洋洋告诉我说："现在感觉好多了。跟你交流之后，感觉这些对未来的焦虑不是无解的，而是有去调节的可能性。所以心态也轻松了很多。"

为了将咨询的效果保持下去，我也让洋洋把讨论的内容记下来，在她焦虑时拿出来看。通过**复习治疗笔记**（reviewing therapy notes）的方式，更好地应对负面情绪。

比如出现"他说 30 岁之前不想结婚，是不是不爱我了"的想法时，提醒自己："这是全或无的思维。感情并非只有爱和不爱，还有亲密和矛盾并存的中间地带。他应该是被我逼急了，态度比较不满和回避。但是有矛盾和冲突，并不意味着他的爱消失，他想跟我分手。"

当感觉"他不打算现在结婚，就意味着不负责任"时，告诉自己："或许这是一种过度概括的状态。比较全面和客观地讲，他可能不是没打算结婚，而是希望能满足我父母要求的经济基础。现在全力拼事业，把游戏氪金的爱好戒掉，确实是在为两个人的将来努力。如果直接说他是不负责任的渣男，可能也不大公平。"

还有挑战"男方必须拿出首付才能结婚"的想法，你可以问自己："这个必须式陈述真的合理吗，还是可以灵活地去看待？爸妈的初衷是希望男方有经济实力，未来生活更安稳。但是男朋友事业发展很好，以后能撑起这个家。所以从长远来看，经济方面问题也不大。"

这个过程，我主要用**"思维记录表（thought record）"技术**（Arkowitz, Beutler & Simon, 2013; [2]Beck & Beck,

2011）[1] 帮助洋洋。通常第一步，是去识别引发焦虑的导火索在哪里。大家可以看到，让洋洋焦虑的，就是小朱不想现在结婚。

等发现矛盾点之后，你需要再去思考第二步——大脑里是否有些"小恶魔"信念煽风点火，让你产生非常焦虑不满的情绪反应。如果有的话，就进行第三步——定位这些有问题的想法，然后用更加合理、积极的信念去替代。

认知行为疗法认为，当不合理的思维调整过来，你一想到未来就患得患失、对感情没有信心的状态也会得到缓解。

∞

积极应对：用有效的方法解决问题

过了几周，洋洋很开心地告诉我："覃老师，我最近感觉好多了。每次我开始胡思乱想，觉得小朱不爱我的时候，我就会拿出笔记来复习。一遍遍地重复你跟我说的话，调整不合理的想法，焦虑的情绪就会好很多，跟对象的关系也缓和了。"

"但是，"她有些苦恼地说，"我现在开始跟小朱、跟爸妈聊结婚的事，感觉压力好大啊。他说前期我这边多辛苦一些，以后他来扛的想法看上去不错，但也很难执行。因为这样风险就转移给我们家，他担心我爸妈不同意。而且他努力拼事业，那陪我的时间就会减少，这样他也担心我会埋怨和不理解。"

还没等我开口，她就继续往下说："他说的确实有道理。

我爸妈感觉这样太不稳定了,如果以后成不了,或者我过得太辛苦,那这个家也很难维持下去。"

看到她长长地叹了口气,我做了这样一个反馈:"听起来,小朱和你爸妈都对这段感情很担心,觉得继续走下去比较困难对吗?如果现在让你用**预先应对**(proactive coping)策略,把自己放到这些可能发生的矛盾里,你觉得能扛得住吗?有没有一些应对办法?"

洋洋想了想说:"好像也是有的。我估计他现在的积蓄,再加上从亲戚朋友那里借的钱,凑一起也有几十万了。如果他愿意拿来一起付首付,再加上婚后把工资卡给我管,那爸妈应该能感觉到他的诚意吧。"

"至于我的话,"洋洋顿了顿,接着说,"我其实不怕跟着他吃苦。如果他赚十块钱就会把十块钱带回家,那我再辛苦也值得了,没什么好抱怨的。"

感觉到洋洋轻松了些,我告诉她:"听起来,你好像找到一个突破的方向。其实在各种应对方法中,**规划**(planning)也非常有用。如果现在让你制订详细的计划,一步步解决这件让你烦恼的事情。你觉得你会怎么做?"

洋洋想了很久,然后跟我说:"可能我首先会去问小朱,看看他是否愿意这样做。如果他没有打算跟我过下去,一切都免谈。要是他愿意跟我过下去,那就合计他能拿出来多少,我父母能支持多少,大家把买房、结婚、婚后开销都合计一下,这样未来的压力就清晰很多。"

说到这里,她笑了笑:"覃老师,好像这样去想办法、制订步骤,焦虑感就缓解不少。我好像没有像之前那样,觉得压力山大,关系很难继续下去了。"

我鼓励她说:"你已经做得很棒了。当然,亲密关系不是一个人的事情对吗,你自己也很难扛下所有压力。在各种应对策略中,还包括一个很重要的方面——**寻求社会支持**(seeking social support)。你有一个支持自己的圈子吗,能否从中获得些帮助和情感支持?"

她想了想说:"主要是小朱和我爸妈。虽然小朱很忙,但是可以让他利用碎片化时间,比如中午吃饭啊,或者会后休息的时间,抽五分钟跟我聊一聊,这个总没问题吧?沟通多了,我也会感觉到他是重视我、想要维持这段关系的。情感上就会有一些慰藉。

"还有我爸妈,他们给了我很多经济支持。虽然之前会逼我结婚,把关系弄得很紧张,但现在慢慢实现这个目标,他们应该会轻松很多,能更好地理解和关心我的状态。"

在后续的几次咨询中,洋洋把这些学到的应对策略用到冲突中,取得比较明显的效果,也更有信心把关系继续下去。

简而言之,当你为不确定的未来而焦虑、患得患失时,可以采取一系列**积极的应对策略**（positive coping strategies），用有效的方法解决问题（Aldwin & Werner, 2009）。[3]

比如预先应对策略，想想未来有可能碰到哪些困难，是否有应对的策略；然后采取规划策略，制订比较详细的计划，设计解决这些问题的"路径"，让自己更有信心去应对；最后也要注意寻求社会支持，想办法把身边的人联结起来，获得更多解决问题和继续下去的力量。

∞

自我关怀：缓解情绪压力的技术

又过了几周，洋洋咨询的时候告诉我："覃老师，最近我跟小朱，还有我爸妈都聊过了。之前提到的那些问题，都在一点点应对和解决，所以我对未来的担心少了很多。也特别感谢你这段时间的帮助。"

"但是，"她叹了口气，"可能我现在还有个小小的困惑。虽然我们决定走下去，而且也在逐渐接近这个目标，但这过程里，我有时候还是感觉很难受，被焦虑感整得不大舒服。你说这个状态有调整的方法吗？还是只能去接受呢？"

我这样跟她反馈："听起来，虽然你变得越来越好，但改变过程中的不安和焦虑，还是会折磨你。你要缓解负面情绪，保持平稳的心态对吗？"

洋洋点点头说："是的，就是这样。那是否有一些调整的方法呢？"

为了帮助她缓解焦虑，我介绍了**"保险箱技术"**（Luber，2013）。[4] 简单来说，就是想象一个能存取情绪的保险箱。当你感觉很焦虑时，把烦恼"存"进箱子里锁上，隔离那些负面情绪。等到焦虑感降低、状态调整过来，你再把烦心事"取"出来应对。

我这样跟洋洋说："现在，请你想象一个保险箱。它可以是你们家里、电视剧里或者某张图片上看到的样式。然后请你告诉我，它有多大？是什么颜色？一共有几层格子？请具体描绘一下你看到的保险箱。"

洋洋闭上眼想象了一会儿，告诉我说："覃老师，我想到安在卧室的小保险箱。它是灰色的样式，钢板非常厚，一共有三层格子。我把它放到隐秘的角落，平时用来装一些重要文件和贵重物品。我觉得应该蛮安全的。"

"非常好，"我接着跟她说，"现在，请你回想那些让你焦虑的念头。把它们都写在纸上，然后放在保险箱里关好。如果焦虑感就像小恶魔，或者压在心口的石头，也请你把它们取出来，牢牢地锁进保险箱里。

"你可以告诉自己：'这些念头被封印住了，没办法跑出来困扰我。我准备好了再来处理它们。'完成这些步骤后，请你深呼吸，慢慢睁开眼，从想象中回到现实里来……"

看到洋洋长长地呼出一口气，我问她感觉怎么样。

她告诉我说："覃老师，我觉得好一些。烦心事好像真的被锁起来，没那么让我焦虑了。"

"但是，"洋洋有些担心地问，"这个方法都是靠想象的，会不会有点虚？如果保险箱关不住了，我又开始患得患失怎么办？"

为了缓解洋洋的疑虑，我告诉她自我安抚的方法——**蝴蝶拍技术**（Wheeler, 2013）。[5]

我告诉洋洋："现在，请你双手交叉，放在两边手臂的上方。然后左一拍、右一拍，轻轻地交替拍打两边手臂。在这个过程中，你可以在心里说，'放轻松''都会好起来的'，不断给自己**积极肯定**（positive affirmation）。做完5~10分钟的蝴蝶拍，焦虑感会逐渐降下来。"

尝试几次后，洋洋跟我说："覃老师，这个方法还蛮管用的。拍着拍着，我感觉就像被小朱抱着安慰，情绪慢慢恢复过来，没那么担心和胡思乱想了。"

可以看到，通过保险箱技术和蝴蝶拍，洋洋开始学会把烦心事"锁上"，暂时远离那些负面情绪；或者在焦虑感爆棚、箱子快关不住的时候，用拍打身体的方法来有效减压。

这些技术让她的状态越来越稳定，更有信心应对不确定带来的焦虑，跟小朱继续走下去。

小结：对未来很不确定时，如何缓解焦虑感？

当你有预期焦虑时，可以采取以下三个方面的调整策略。

第一，在认知层面，用"思维记录表"来改变不合理的想法。首先你要找到引发焦虑的导火索。发现矛盾点后，再去想想是否有些偏激、不合理的认知在"火上浇油"，把你的焦虑感扩大化。常见的不合理信念有全或无思维、过度概括化和必须式陈述等。当你发现这些有问题的想法，就可以用更加合理的思维去替代，让焦虑感得到缓解。

第二，在行为层面，用积极的应对方式来解决问题。比如预先应对策略，思考以后可能出现哪些问题，有哪些解决方案；采取规划策略，针对问题做一个详细规划，设计解决路径，让自己更有面对困难的信心；寻求社会支持，难过时，多从别人那里获得安慰和建议，让自己更有继续下去的力量。

第三，在情绪层面，使用保险箱技术和蝴蝶拍。当快要被焦虑感淹没时，想象有一个存放情绪的保险箱，然后把烦心事锁在里面，隔离焦虑情绪带来的冲击；如果担心、患得患失的状态还是很强烈，可以尝试蝴蝶拍技术，通过轻柔地交替拍打两侧手臂，给自己积极肯定，慢慢把情绪压力缓解过来。

通过认知、行为、情绪三个方面的调整，你就能缓解焦虑感，更有信心面对不确定的未来。

激情退去：
心动的感觉慢慢消失怎么办？

相爱多年，你是否感觉激情和新鲜感在一点点消失？

处于"爱情马拉松"的人，很难绕过心理上的疲软感。对于另一半越来越无感，不大想说话和亲昵；相同的话术、地点、套路……亲密的流程重复了太多次，产生强烈的乏味感；有时候宁愿自己在车上抽烟，或者跟朋友在外面玩，也不愿下了班就早早回家……

如果你面对激情退去的问题，有以下三个解决方案：采取新异化技术，让自己处于"唤醒状态"，找回当初心动的感觉；把对象变成你最好的知己和队友，重建当初的亲密感；启动"喜爱和赞美系统"，提高关系中的幸福感。

为了帮助大家更好地理解和运用，我们一起来看家勇的案例。

家勇越来越觉得，抱着小敏就像抱着另一个自己，不再有当初那种心动的感觉。

∞
相爱六年：激情和新鲜感越来越少

"家勇，你怎么那么敷衍，是不是跟我在一起待腻了？"小敏有些抱怨地问。

"没有没有，"家勇连忙解释说，"老婆你那么美，我怎么可能没感觉呢？我刚才还在想明天要开的会，注意力有点不太集中。"

好不容易用工作压力应付过去，家勇有些心累，走到阳台上抽了支烟。

不得不承认，在一起六年，家勇慢慢没有了当初的激情和新鲜感。现在跟小敏亲亲抱抱，他感觉就像左手握住右手，心跳加速的兴奋感已经消失。

亲热也像是在完成任务。相同的话语、相同的地点、相同的姿势……家勇感觉这个流程重复太多次，他真的有些无聊和乏味，心里只想要快点完事。

跟小敏的相处也进入"倦怠期"。他经常觉得在家里待着没意思，甚至懒得和对象说话。他内心会想："有这个时间，跟朋友出去骑个车、打个球不香吗？"把更多精力放在社交和应酬上，有时一周都不陪小敏。

慢慢地，小敏也觉察到了，心里非常委屈。她跟家勇抱怨说:"亲爱的,你现在好冷淡,一点都不在乎我的感受。你是不是已经不爱我了?"

面对小敏的质问,家勇沉默了。他也在心里问自己:"我是不是已经厌倦,不想再继续下去?但是就算分开再找,激情会不会也只是暂时的,最后又会变成很平淡的状态?"

带着对亲密关系的疑惑,家勇找到我。他希望通过心理咨询的方式,找回激情和新鲜感,让这段婚姻能够平稳地走下去。

找回激情:巧妙利用唤醒和新异化技术

来到咨询室时,家勇重重地叹了口气。他问我说:"覃老师,我跟我老婆在一起六年了。头几年很开心很甜蜜,但现在感觉越来越平淡,对她的激情也越来越少了。你说这个状态有问题吗?还是等到最后都会变成亲人,安安稳稳地过日子?"

我这样跟他反馈:"听起来,你有些失望和迷茫。你好像期待感情能让你嗨、兴奋起来。但现在激情慢慢减少,你感觉它不是你想要的状态对吗?"

"是的,"家勇不住地点头说,"没有当初那么热烈了。我也在想自己是不是不爱了,甚至不适合再在一起。"

为了解答这个困惑,我告诉家勇费雪(Fisher,2005)[1]的恋爱的三阶段理论(three stages of love)。

第一个阶段是**欲望**（lust）。你会被对象的外貌吸引，对她有性冲动，希望能得到对方。在这个过程中，感情主要受性激素影响，会让你充满激情和兴奋感。

第二个阶段是**吸引**（attraction）。你很渴望对象一直在身边，如果分开就很想念，也会幻想两个人相处、生活在一起，内心对未来充满了期待。在这个过程中，"快乐激素"——**多巴胺**（dopamine）会大量分泌。让你感觉到激动、愉悦和幸福，深深被恋人所吸引。

第三个阶段是**依恋**（attachment）。通常经过 1~2 年的相处，多巴胺的分泌慢慢减少。你跟另一半进入不是那么激情，但是能相互依靠和扶持，情感越来越深厚的状态。这时你主要受"拥抱激素"——**催产素**（oxytocin）影响，跟对象形成仿佛家人或队友的关系。

跟家勇讲完之后，我这样问他："我在想，你说的可能不爱了，是不是已经走过欲望和吸引的阶段，性激素和快乐激素变少，在一起不像当初那么兴奋？"

他想了一会儿，跟我说："是的，主要是没有太多激情了。除此以外，我跟小敏相处得蛮好的，没有什么大问题。那您说这个问题该怎么解决呢？"

"首先你需要接受一个现实，"我顿了顿，继续说，"激情的退去必然会发生。心理学家发现，第一次接吻和亲热，会带来很强的刺激感。但人会慢慢适应。如果你跟对象亲热了几十上百次,那就越来越熟悉,兴奋感也没那么强烈了。这就是心理学中的**感觉适应**(sensory adaptation)现象。"

"哦,"家勇有些失望地说,"所以如果老夫老妻,没有激情了,就只能接受对吧?"

"当然不是这样,"我给了他否定的回答,"要解决缺乏激情的状态,你可以使用'唤醒(arousal)技术',把兴奋感和伴侣的吸引力联系在一起。"

简单来说,你可以先通过一些活动,让自己处于兴奋激动、心脏怦怦跳的"唤醒状态"。这个时候再去跟对象交流和亲热,你可能会觉得她更有魅力,更能感到被吸引。

研究者发现,当男性先看一些浪漫、刺激的爱情电影,生理上比较兴奋,比起没有看的男性,他们跟对象相处时更有激情(Miller,2014)。[2]

还有觉得夫妻生活很单调、乏味,那可以找一找自己的兴奋点,比如穿上情趣服装,演一段刺激的剧情。当你的生理状态比较激动时,也会觉得对象更加可爱迷人,慢慢找回些热恋的感觉。

听到我这样说,家勇有点激动地讲:"是的覃老师。我跟小敏过夫妻生活的时候,她比较保守和害羞,我也不想勉强她。所以性生活越来越没意思,更多像完成任务。听你这样说,我感觉得把二人世界过嗨,或许这样能慢慢找回激情。"

看到他有所启发,我接着说:"不光性生活,在你们平时的相处中,是否也能运用唤醒技术,增加跟小敏在一起的乐趣呢?"

"你喜欢骑车、跑步,这些活动能促进多巴胺分泌,让人感觉放松快乐。如果你运动时带上她,会不会也能把愉悦感关联到相处中来?"

家勇点点头说:"好的覃老师。我也会多找找自己的兴奋点,尽量把心跳加速、充满激情的状态激发出来,把这些跟小敏联系上。

"覃老师,我也想再多了解些方法。除了唤醒技术,还可以怎么增加关系中的激情呢?"

为了解答他的困惑,我介绍了**新异化(novelty)技术**。简单来说,就是跳出你熟悉的生活,做一些不同的尝试。当我们跟对象进入更大的世界,遇到很多新鲜的事情,亲密关系中的激情就会得到明显提升(Miller, 2014;[2]Simpson & Campbell, 2013)。[3]

我跟家勇说:"听起来,你们的性生活就像有一套模板,特别固定对吗?那是否可以在这里变化一下,重新找回关系中的兴奋感呢?"

在性爱的地点上,如果以前都是在床上,可以改为家里的沙发、浴室甚至衣帽间；如果原来习惯都在家里，那可以尝试情侣酒店，或者其他隐秘空间。

在性爱的过程中，可以变换一下前戏方式，像探索恋人身体的其他区域，说平时很少说的情话，以及使用情趣玩具来助兴；还有跟对象玩不同姿势，以及不同主题的角色扮演。这些都能在性生活中注入新鲜感。

听完介绍，家勇点点头说："覃老师，你说的这些都很好，我也想跟小敏尝试。"

"但是，"他皱了皱眉头，有些苦恼地告诉我，"小敏比较放不开，也不是很有情趣。如果做一些新的改变，她不肯配合我怎么办？"

我这样给家勇反馈："可能你老婆有些抵触对吗？这是个循序渐进的过程。你要给她做一些'享受性很正常'的心理教育，让她有适应的时间。当然，新手需要积极反馈才有信心继续。当她踏出第一步，你也要多鼓励她、认可她，让她感觉到被自己爱的人欣赏。"

打破羞耻魔咒，生理和心理上都获得快感，对象也更有动力去"解锁"新状态，让夫妻生活充满乐趣。

我接着问家勇："那在生活中，你们的关系可以有哪些变化呢？"

他思考了一会儿，告诉我："周末可以去新的餐厅吃饭吧。也别总窝在家里看综艺、打游戏。看最近美术馆有哪些展览，我也拉上她一起去逛逛。总之就是多改变一下活动呗。"

还可以设置"主题日"。夫妻俩把喜欢的活动记下来，然后通过抽签随机选择主题。如果碰到"美食日"，就去打卡三个特色小吃；碰到"拍照日"，可以解锁五张特别的情侣合照；碰到"戏精日"，就跟对象演个有意思的情景剧。用新奇的任务给关系注入活力。

或者制造"反差萌"。比如从来不玩浪漫的她，邀请你去吃烛光晚餐；平时很宅的她，开始陪你一起跑步和骑车。不断刷新自己的"游戏版本"，给你继续探索的"惊喜"。

小结一下，根据恋爱的三阶段理论，随着时间的推移，欲望和吸引会消退，多巴胺等快乐激素的分泌会减少，所以激情退去是不可避免的大趋势。但我们仍然有调节的方法：

唤醒技术。把生理上的兴奋，跟对象绑定在一起，提高亲密关系的吸引力。可以看些浪漫电影，然后再跟对象亲热；穿上情趣服装，演一段刺激的剧情，通过快感提高相处的吸引力；或者跑步、骑车时带上恋人，把愉悦感链接到亲密关系中。

新异化技术。在关系中做一些改变，跳出平时相处的模式。可以改变性爱地点，尝试家里不同的位置、情侣酒店或一些隐秘空间；改变性爱过程，比如前戏、姿势、情趣玩具和游戏等；平时多去参加户外活动，或者设置主题日和反差萌，通过新鲜事让关系更有激情。

重建亲密：把对象变成你最好的队友

过了几周，家勇来咨询的时候告诉我："覃老师，我最近跟小敏的相处好很多，慢慢找回了激情，也更有兴趣跟对方待在一起。"

"不过，"他有些苦恼地说，"我担心这些都是暂时的。如果花样都试过一遍，又开始有厌倦感怎么办？"

我告诉他："激情就像冰激凌，是亲密关系的一道甜品，你很难用它来作为婚姻的基础。如果要把婚姻维系下去，你也可以在'主食'——陪伴和亲密感上下功夫。"

根据**爱情三角理论**（Sternberg & Sternberg, 2018），[4] **亲密、激情和承诺是爱情的三大组成部分**。除了浪漫、兴奋感和吸引力之外，亲密关系也意味着情感上的亲近。比如在对象身边很放松、想跟她分享生活、一起做什么的状态。

研究者发现：婚姻幸福、关系很稳定的夫妻，往往没有将激情放在第一位。他们反而把关系建立在深厚的友谊上（Miller, 2014;[2]Paludi, 2012），[5] 觉得"他人品好，很靠谱""他很懂我""他是我最好的朋友"，能在人生的闯关路上牵手一起打怪。

我接着问家勇:"你觉得小敏算你的知己吗?如果作为朋友,你是否愿意跟她相处?"

他想了想跟我说:"覃老师,我觉得有点不算吧。她平时比较大大咧咧的,有时间就看综艺和电视剧,很少跟我说贴心话。而且之前我工作遇到困难,想找个人倾诉,她也是有点敷衍地安慰我、让我不要难过了。感觉她不大在意我的感受,也不懂怎么安慰人。"

我这样给他反馈:"听起来,你感觉自己被冷落了,有些难过和不满。你好像在说着一个不大能理解你,心不在焉的妻子。这让你体验不到支持对吗?"

家勇点点头说:"是的覃老师。那我该怎么办呢?"

我跟他讲了**共同活动**(mutual activities)技术(Arp,2010;[6]Gottman, 2018)。[7] 简单来说,就是平时不要各做各的,而是尽量凑在一起,共同去做些什么。当大家相处的时间变长,并且合作去创造价值或挑战目标时,关注、成就感和亲密也就慢慢培养出来了。

我问家勇说:"现在请你想一想,如果要设计些共同活动,你们可以做些什么呢?"

"嗯,"家勇思考了一会儿,告诉我,"就像之前说的,我可以跟她一起出去拍照。因为小敏很爱美,我也喜欢用镜头记录生活,所以刚好能凑上。我可以周末带她到景点逛一逛,给她拍些美照。

"我还可以带着小敏练臀练腿,培养她健身的习惯。这样我们也有更多时间在一起。"

"不过,"家勇有些苦恼地说,"小敏大大咧咧、给不了我情感支持的问题怎么解决呢?她的态度让我很受伤,也比较影响夫妻感情。"

为了让他俩关系更和谐,我说了个咨询师的沟通技巧——**贯注行为**(attending behavior)。借鉴这个方法,你能传递出尊重、感兴趣的态度,让交流顺利地进行下去(Sommers-Flanagan & Sommers-Flanagan, 2016)。[8]

运用到亲密关系中,主要包括四个要点:**目光接触**(eye contact)——放下手机、对象说话的时候看着他,让他觉得自己是被听到的。**身体语言**(body language)——摸摸他的手、肩膀,给他一个拥抱,传递出关心的感觉。**语音特点**(vocal qualities)——用理解和关怀的语气说话,让对象觉得很舒服。**言语追随**(verbal tracking)——回应时复述对象讲了什么,让他有一种"我被理解了"的心情,然后更愿意沟通和交流。

家勇听完以后很激动。他告诉我:"覃老师,如果我媳妇能做到这些,那我肯定很愿意跟她说话。"

"但是,"他叹了口气讲,"这是对咨询师的要求,我想小敏应该很难做到。"

我点点头,告诉他:"的确,这是一个需要练习的过程。那是否可以从容易做的开始?比如放下手机,认真听你说你的烦恼,或者在你难受的时候抱抱你。这些会不会也有帮助?"

家勇想了想说:"我觉得会好一点。那我也跟她说说这个方法,我们先练一练。"

小结一下,在重建亲密的过程中,你可以尝试两个方法。

比如共同活动技术。增加两个人相处的时间,安排一起去做的事情。比如共同学些专业知识,共同出去拍拍照、健健身,创造价值或者挑战些目标,慢慢培养默契、成就感和亲密度。

比如借鉴贯注行为。在对方说话的时候,认真地听,不要看手机;适时地拍拍肩膀、抱抱对方;调整出温柔关心的语气,抓住关键词复述对方的话,尽量做他最善解人意的队友。

爱和欣赏:从积极的视角看待关系

通过两个多月的咨询,家勇很开心地告诉我:"覃老师,最近我跟小敏的关系越来越好。激情和亲密都慢慢回来了,两人世界也甜蜜很多。"

"但是,"他不好意思地笑了笑,"我有些贪心吧。我希望磨合的速度再快一点,激情再多一点。这个想法能不能实现呢?"

"当然可以,"我点点头说,"研究发现,赞美能让亲密关系更融洽。方法也很简单,就是提醒自己伴侣的闪光点、做得好的部分。然后两个人开'表扬大会',告诉对方你觉得她可爱、迷人、值得珍惜的地方,也听听她对你的爱和肯定。这样幸福感会更强。"

家勇有些困惑地问:"覃老师,那具体该怎么做呢?直接夸她你好美,好可爱吗?我感觉有些尴尬,不知道该怎么说。"

为了解决不会赞美的问题,我让家勇尝试"**肯定清单(credit list)"技术**(Beck & Beck, 2011)。[9] 简单来说,就是列出对象身上的闪光点。比如五件她特别让你感动的事,五个她特别好的性格特点,五个让你觉得娶到她很幸福的地方。不断增加自己对另一半的积极情感。

我让家勇拿出笔,试着在笔记本上写出来,然后看看感觉有什么变化。

他有些激动地说:"覃老师,我有些震惊。原来这两年,我看到的更多是我媳妇的缺点,比如宅、放不开、不大懂得关心人,然后觉得关系越来越冷淡。但现在才意识到,是我慢慢习惯了她的好,只看到她做得不完美的地方。"

听到他的话,我这样给他反馈:"你很意外、震惊。好像随着时间推移,你对小敏的好已经习以为常,甚至变得麻木,感受到的激情和吸引力越来越少。"

"是的,"他点点头问,"那有什么办法能改变这种状态,把原来的爱找回来?"

我给他介绍了一个方法——重启"喜爱与赞美系统(fondness and admiration system)"(Berger & Hannah, 2013; [10]Gottman, 2018)。[7]

简单来说,你可以把它理解为开表扬大会,然后每次有不同的主题。比如第一期讨论"对象让我觉得很可爱的点",然后用三个事情来举例说明。大家轮流说,听的人告诉对方自己有什么感受。

表扬大会的主题还可以是"对象最让我感动的三件事""另一半做过最浪漫的三件事""这段婚姻让我觉得值得的地方"等。养成欣赏和赞美对方的习惯,提升关系中的幸福感。

经过三个月的咨询,家勇学会给婚姻注入激情、亲密和吸引力。这让夫妻生活变得更甜蜜,也给了他更多决心和动力走下去。

小结：心动的感觉慢慢消失怎么办？

面对激情退去的情况，你不妨试试以下三个方法。

第一，巧妙利用唤醒和新异化技术，找回过去的激情。

在唤醒技术方面：先让自己生理上兴奋起来，然后带着这种感觉跟对象相处，比如先看浪漫和刺激的电影，再跟伴侣亲热；找到你的兴奋点，像穿上情趣服装、演一段刺激的剧情，通过快感提高夫妻生活的吸引力；或者跑步、骑车时带上对象，增加相处的愉悦感。

在新异化技术方面：尽量做些改变，跳出平时相处的"惯性"，比如变化一下夫妻生活的地点，尝试家里的不同位置，还有酒店、其他隐秘空间；让性爱的体验更丰富和多元化，比如尝试新的前戏、姿势和情趣玩具等；平时设置"主题日"、制造"反差萌"等。

重新建立亲密感，做另一半最好的队友和知己。

改变"各做各的"状态，增加两个人相处的时间，可以多设计共同活动，大家一起创造价值或完成某个目标，培养信任、默契和成就感；还有借鉴咨询师的贯注行为，在目光接触、身体语言、语音特点、言语追随等方面做好，让伴侣爱上跟你交流。

重启"喜爱与赞美系统"，学会用欣赏的眼光看待关系。

写"肯定清单",列下恋人的优点和迷人之处,还有这段关系中值得珍惜的地方;开不同主题的表扬大会,比如"对象最让我感动的三件事""她最可爱的三个地方",然后举例说明,两个人轮流说,以及反馈自己被表扬的心情。通过赞美提升关系中的幸福感。

祝你能拥有一段安心不累心的恋爱。

Chapter 5 度过磨合期:让爱情的小船平稳前行

说明

［注1］所有发布的案例均取得来访者的授权，并经过必要的加工、润饰和细节调整，隐去能识别来访者身份的信息。

［注2］文章为当事人心理咨询过程的简化，并不具备个体咨询效果。如果有个性化问题，请根据自身情况有选择性地参考，或寻求专业的心理咨询服务。

参考文献

chapter 1

依恋类型：你在他眼中原来是这样的

[1]Bartholomew, K. & Horowitz, L. M.（1991）. Attachment styles among young adults: A test of a fourcategory model. *Journal of Personality and Social Psychology*, 61, 226-244.

chapter 4

异地创伤：如何缓解看不见恋人的痛苦？

[1]Shapiro, F., & Forrest, M. S.（2016）. *EMDR: The breakthrough therapy for overcoming anxiety, stress, and trauma*. Basic Books.
[2]Joseph, A.（2010）. *Cognitive Behavioural Therapy: Your route*

out of perfectionism, self-sabotage and other everyday habits. John Wiley & Sons.

[3]Winnicott, D. W.（2014）. *Through pediatrics to psychoanalysis: Collected papers*. Routledge.

孤独之苦：我需要你的时候，你不在怎么办？

[1]Bowlby, J., & Ainsworth, M.（2013）. *The origins of attachment theory. Attachment theory. Social, developmental, and clinical perspectives*, 45.

[2]Buchanan, F.（2017）. *Mothering babies in domestic violence: Beyond attachment theory*. Routledge.

[3]Ursano, R. J., Sonnenberg, S. M., & Lazar, S. G.（2008）. *Concise guide to psychodynamic psychotherapy: principles and techniques of brief, intermittent, and long-term psychodynamic psychotherapy*. American Psychiatric Pub.

[4]Hart, A., & Morris, S.（2006）. *Safe Haven Marriage: Building a Relationship You Want to Come Home To*. Thomas Nelson.

[6]Peterson, C.（2006）. *A primer in positive psychology*. Oxford university press.

[5]Compton, W. C., & Hoffman, E.（2019）. *Positive psychology.*

SAGE Publications.

chapter 5

烦躁情绪：关系瓶颈，天天想吵架怎么办？

[1]Niedenthal, P. M., & Ric, F.（2017）. *Psychology of emotion*. Psychology Press.

[2]Kohut, H.（2018）. *The Search for the Self: Selected Writings of Heinz Kohut 1978-1981*. Routledge.

[3]Beck, J. S., & Beck, A. T.（2011）. *Cognitive Behavior Therapy: Basics and Beyond*. Guilford Publications.

[4]Winnicott, D. W.（2014）. *Through pediatrics to psychoanalysis: Collected papers*. Routledge.

[5]Shirran, M., & Shirran, M.（2012）. *Pause Button Therapy*. Hay House.

无言之尬：话题变少，越来越陌生如何调整？

[1]Littlejohn, S. W., & Foss, K. A.（2009）. *Encyclopedia of Communication Theory*. SAGE Publications.

[2]Beck, J. S., & Beck, A. T.（2011）. *Cognitive Behavior Therapy: Basics and Beyond*. Guilford Publications.

[3]Blenkiron, P.（2011）. *Stories and Analogies in Cognitive Behaviour Therapy*. Wiley.

[4]Sommers-Flanagan, J., & Sommers-Flanagan, R.（2016）. *Clinical Interviewing*. Wiley.

[5]Vroom, V., Porter, L., & Lawler, E.（2005）. *Expectancy theories. Organizational behavior*, 1, 94-113.

[6]Gottman, J.（2018）. *The Seven Principles For Making Marriage Work*. Orion.

不安爆发：没回我消息的时候，你在做什么？

[1]Jones-Smith, E.（2011）. *Theories of Counseling and Psychotherapy: An Integrative Approach*. SAGE Publications.

[2]Lefcourt, H. M.（2014）. *Locus of Control: Current Trends in Theory & Research*. Taylor & Francis.

[3]Beck, J. S., & Beck, A. T.（2011）. *Cognitive Behavior Therapy: Basics and Beyond*. Guilford Publications.

[4]Arkowitz, H., Beutler, L., & Simon, K. M.（2013）. *Comprehensive handbook of cognitive therapy*. Springer Science &

Business Media.

[5]Payne, M.（2006）. *Narrative Therapy*. SAGE Publications.

预期焦虑：我怀疑，这段关系没有未来

[1]Beck, J. S., & Beck, A. T.（2011）. *Cognitive Behavior Therapy: Basics and Beyond*. Guilford Publications.

[2]Arkowitz, H., Beutler, L., & Simon, K. M.（2013）. *Comprehensive handbook of cognitive therapy*. Springer Science & Business Media.

[3]Aldwin, C. M., & Werner, E. E.（2009）. *Stress, Coping, and Development, Second Edition: An Integrative Perspective*. Guilford Publications.

[4]Luber, M.（2013）. *Implementing EMDR Early Mental Health Interventions for Man-Made and Natural Disasters: Models, Scripted Protocols and Summary Sheets*. Springer Publishing Company.

[5]Wheeler, K.（2013）. *Psychotherapy for the Advanced Practice Psychiatric Nurse, Second Edition: A How-To Guide for Evidence-Based Practice*. Springer Publishing Company.

激情退去：心动的感觉慢慢消失怎么办？

[1]Fisher, H.（2005）. *Why We Love: The Nature and Chemistry of Romantic Love*. Henry Holt and Company.

[2]Miller, R.（2014）. *Intimate Relationships*. McGraw-Hill Education.

[3]Simpson, J. A., & Campbell, L.（2013）. *The Oxford Handbook of Close Relationships*. OUP USA.

[4]Sternberg, R. J., & Sternberg, K.（2018）. *The New Psychology of Love*. Cambridge University Press.

[5]Paludi, M. A.（2012）. *The Psychology of Love*. Praeger.

[6]Arp, D. C.（2010）. *The Second Half of Marriage: Facing the Eight Challenges of the Empty-Nest Years*. Zondervan.

[7]Gottman, J.（2018）. *The Seven Principles For Making Marriage Work*. Orion.

[8]Sommers-Flanagan, J., & Sommers-Flanagan, R.（2016）. *Clinical Interviewing*. Wiley.

[9]Beck, J. S., & Beck, A. T.（2011）. *Cognitive Behavior Therapy: Basics and Beyond*. Guilford Publications.

[10]Berger, R., & Hannah, M. T.（2013）. *Preventive Approaches in Couples Therapy*. Taylor & Francis.